Michael Cadnum

Im Zeichen des Kreuzes

Michael Cadnum

Im Zeichen des Kreuzes

Aus dem Amerikanischen von
Cornelia Holfelder von der Tann

Ravensburger Buchverlag

Die Deutsche Bibliothek – CIP-Einheitsaufnahme

Ein Titeldatensatz für diese Publikation ist bei
Der Deutschen Bibliothek erhältlich

Ravensburger Junge Reihe

3 2 1 03 02 01

Die amerikanische Originalausgabe erschien
unter dem Titel »Book Of The Lion«
bei Viking, Penguin Group, New York

Die Schreibweise entspricht den Regeln
der neuen Rechtschreibung.

Umschlagillustration – Constanze Spengler
unter Verwendung eines Gemäldes
Umschlagkonzeption – Constanze Spengler
Lektorat – Burkhard Heiland

Printed in Germany

ISBN 3-473-35214-4

www.ravensburger.de

Für Sherina

Stromauf
im Morgengrauen
befahren sie
den weißen Fluss

1. Kapitel

Hämmern weckte mich – eine schwere Faust, die an die Tür schlug.

Eine Männerstimme rief »Aufmachen, im Namen des Königs!«, und ich hörte, wie die Frau meines Meisters zu ihrem Mann sagte, er solle ruhig liegen bleiben, das sei nur eine Horde fahrender Höker, sturzbetrunken von neuem Wein.

Aber das Hämmern hielt an. Ich war jetzt hellwach, hatte mich auf meinem Strohsack aufgesetzt und redete mir ein, es sei bestimmt der Müllerssohn. Oder vielleicht einer der fahrenden Sänger, der mit seinen Kumpanen ein bisschen Lärm machte. Mein Strohsack lag hinter dem Esstisch und den Schemeln, an der Tür zur Schmiede, und ich blieb, wo ich war, sicher, dass mein Meister schon damit fertig würde.

Aber dann riss mich das alarmierende Geräusch von splitterndem Holz von meinem Lager. Ich sandte ein stilles Gebet zum heiligen Markus, dem Schutzpatron derer, die Mut brauchen.

Draußen in der Nacht rief eine Stimme Befehle, dem Akzent nach ein Mann, der nicht von hier war. Ich streifte mir hastig meine Tunika über, gerade, als mein Meister zum Herd eilte. Es dauerte eine ganze Zeit, bis die Tür

nachgab, und inzwischen hatte mein Meister den Blasebalg in Gang gesetzt und der Feuerschein warf Schatten an die Wände.
Mein Meister hielt ein Binsenstroh in die wiederbelebte Glut und rief: »Wer da? Wer klopft?« Er schaffte es, unbesorgt zu klingen, jenen freundlich fragenden Ton anzuschlagen, in dem er mit würdigen Bürgersfrauen ebenso sprach wie mit wilden Männern. Ich nahm die Axt auf, die zum Holzspalten diente, legte sie wieder hin, hievte den Fleischhaken herab, legte auch ihn wieder weg. Mir war klar, wie wenig ich vom Kämpfen verstand. Die Küchenmägde regten sich jetzt und ich warf ein Waffeleisen und eine Feuerzange beiseite, da beides als Waffe nicht taugte.
Maud, die Frau meines Meisters, sagte, genau für solche Fälle bräuchten wir einen Hund. »Und zwar einen großen«, setzte sie hinzu. Noch fürchtete sich niemand von uns wirklich. Es war eine Zeit der Geächteten und fahrenden Bettler, und wir waren für alles gerüstet, was der Himmel vor unsre Tür führen mochte.
Ich stürzte in die Schmiede, wo das Dunkel nach Holzkohle roch, und fand, was ich suchte. Ich eilte zurück in den erstarkenden Feuerschein, in den Händen den Münzhammer, den ich zum Schlagen neuer Pennys benutzte.
Otto, mein Meister, war Münzer – einer der Männer, die Münzen für König Richard prägten. Er versuchte immer noch, das Binsenstroh zu entzünden, indem er auf die goldene Glut am Ende blies. Als er es entflammt und an die Kerzenstummel auf dem Kamin gehalten hatte, befahl er seiner Frau, loszulaufen und den Männern des Sheriffs zu sagen: »Unser Edmund ist dabei, ein paar Geächtete zu erschlagen. Beeilt Euch, bevor sie alle tot sind.«

Das sagte er mit einem hoffnungsvollen Lächeln in meine Richtung, im Vertrauen darauf, dass zu meinen Lehrlingspflichten auch gehörte, Geächteten den Schädel zu zerschmettern. An jedem Markttag bevölkerten Taschendiebe die Straßen, da fast alle Ritter nach Süden geritten waren, um mit dem König einen Kreuzzug ins Heilige Land zu unternehmen. Mein Meister schätzte einen Hauch von Luxus und trug einen Kaninchenfellbesatz auf seinem Kirchgangskragen. Obwohl er jetzt nur einen hastig übergeworfenen Hausrock anhatte, glitzerte doch der eingewirkte Goldfaden. Die Tür war jetzt zerspant und ein schwarzer Handschuh stieß die Holzreste aus dem Rahmen.

Da wussten wir, dass es sich hier nicht um ein paar Viehhirten handelte, die den Montagsmarkt ein paar Nächte zu früh feierten. Das hier war keine betrunkene Wirtshausrunde, die eine Wette gewann, indem sie die Silbermünze stürmte. Beim Anblick der schwarzen Lederpanzer und der Kettenhemden unserer Bedränger wich mein Meister Otto, der Münzer von Nottingham, bis an die gegenüberliegende Wand zurück.

»Lauf weg!«, keuchte er.

Ich tat keinen Schritt. Auch wenn es mich den Kopf kostete, würde ich meinen Meister und seine gute Frau verteidigen.

»Lauf, Edmund!«, sagte Otto noch einmal, ohne die Stimme zu erheben, und die Worte waren weiße Dampfstöße in der Kälte, die mit den Männern des Schatzmeisters hereingedrungen war.

Manchmal höre ich einen guten Rat und beherzige ihn sofort. Aber manchmal komme ich auch nur langsam zur Vernunft. »Der Himmel schütze mich«, betete ich, wäh-

rend mich schwarze Ochsenlederhandschuhe packten und festhielten.
Der Hammer entfiel mir. Kräftige Gestalten drängten meinen Meister an die Wand. Seine brave Frau hatte nicht mehr die Zeit gehabt, zum Sheriff zu laufen, und sah jetzt hilflos zu. Die Männer schleppten meinen Meister in die Schmiede und andere schleiften mich hinterher und unser Atem ging keuchend im Dunkeln, während die Fremden die Kerzenstummel entzündeten.
»Otto von Clifton?«, sagte die Stimme mit dem seltsamen Akzent, den ich jetzt erkannte – so redeten sie in London, wo die Leute Namen wie *William* oder *Robert* trugen. Die Männer des Schatzmeisters wiederholten den Namen meines Meisters, wobei sie *Otto* aussprachen, als sei es absurd, so zu heißen.
»Ich bin Otto und möchte wissen, mit wem ich's zu tun habe«, entgegnete mein Meister. Für einen Moment war ich stolz auf den Mann, der in gewisser Weise mein Vater geworden war.
Die Männer des Schatzmeisters griffen sich ans Gurtzeug. Einen Augenblick lang dachte ich, sie suchten ein Dokument des Königs, eine Proklamation, eine Vorladung nach London wegen irgendeines kleinen Fehlers in den Schatzkammerrollen, einer unbedeutenden Summe, die mein Meister falsch angegeben hatte. Ein Breitschwert blitzte im unruhigen Kerzenlicht.
»Haltet ihn!«
Zwei Männer pressten die Hand meines Meisters auf das kalte Eisen des Ambosses, die gespreizten Finger weiß auf dem Schwarz. Ich trat um mich und wand mich, und obwohl ich erst siebzehn war und kein gestandener Mann im Dienst des Königs, war ich doch ein geübter Ham-

merschmied. Die Männer, die mich festhielten, stöhnten vor Anstrengung. Eine Faust traf mich von hinten. Ich spürte jeden einzelnen lederumspannten Knöchel und ein rotes Echo des Hiebs hallte in meinem Schädel. Ich sackte auf die Knie.

Starke Arme zogen mich wieder hoch. Der Anführer der Männer, ein gedrungener, weißgesichtiger Edelmann, sagte etwas auf Londonerisch. Wir verstummten alle und das einzige Geräusch war Mauds unterdrücktes Schluchzen.

Es dauerte nur einen Herzschlag. Stahl blitzte auf und fuhr klirrend auf den Amboss herab. Ein weißes Etwas zappelte im Kohlenstaub auf dem Holzboden und der Schrei meines Meisters klang ungläubig. Maud begann zu kreischen und ich schrie ebenfalls auf, als einer der Lederhandschuhe die abgetrennte Hand meines Meisters aus dem Kohlenstaub klaubte. Der nicht enden wollende Schrei meines Meisters nahm eine neue Klangfarbe an, als Blut ins Kerzenlicht pulste.

Einer der Männer hielt das weiße Etwas flach an den Ambosssockel, während ein anderer einen kurzen Eisenstift hindurchtrieb, es am Holz festnagelte wie die Hand unsres Heilands am Kreuz. Der gedrungene, weißgesichtige Anführer der Männer drehte sich zu mir um und sagte: »Gleich haben wir zwei rechte Hände hier hängen, nebeneinander.« Er sagte es nicht genüsslich, sondern ungeduldig, wie jemand, dem es gar nicht passt, so spät in einer Winternacht noch unterwegs zu sein.

Er nickte und die beiden ledergepanzerten Männer an meinen Seiten hievten und zerrten mich vorwärts. Maud schlug mit einem Schüreisen auf sie ein, einem Eisenstab, so lang wie ein Bauernknüttel. Mein Meister brüllte mei-

nen Namen wie ein Tier, dem die Gabe oder der Fluch der Sprache zuteil geworden ist.
Ich riss mich los.
Ich stürzte zurück in den Wohnraum und durch die zersplitterte Tür in die Nacht hinaus. Ich war barfuß. Ich trug nur meine Tunika, zum Glück, denn so konnte ich schneller rennen als die Männer hinter mir mit ihren Kettenpanzern und Helmen.

Sie waren schnell und ich hörte sie von Straße zu Straße hinter mir herkeuchen, durch die Abwasserrinnen im Steinpflaster platschen.
Ich kannte mich aus und sie nicht, und ich wusste, es gab da eine Nische namens Grope Corner, wo eine Bogenschießscharte in der Stadtmauer so breit war, dass ein sehr eifriger oder von großer Angst getriebener Leib hindurchschlüpfen konnte. Ich erreichte den Spalt im Mauerwerk und zwängte meine Schulter hindurch, aber ich hatte es seit meiner Kindheit nicht mehr probiert. Ich hatte meinen breiten Brustkasten und meine Hammerschwingerschultern vergessen.
So hing ich, halb drin, halb draußen, in dem Mauerschlitz. Die Schergen des Schatzmeisters rannten schnaufend und brüllend die Mauer entlang. Es kostete mich große Anstrengung, aber ich wand mich durch den Spalt und fiel ins überfrorene Gras.
Ich rappelte mich hoch und rannte los, als eine Stimme auf der Mauer Alarm zu schlagen begann.
Ich rannte mit großen Schritten über die sternenbeglänzte Wiese und verfluchte mein Seitenstechen.
Im Rennen begann ich in Strömen zu weinen, aus Verzweiflung über das, was meinem Meister angetan worden

war. Aber in meiner Naivität vergoss ich keine einzige Träne meinetwegen. Selbst das Geräusch von Reitern, dreien oder vieren, schreckte mich wenig.

Im Rennen betete ich. Gott hatte Daniel einen Engel in die dunkle Löwengrube geschickt und ich betete, dass er mir Schnellfüßigkeit verleihen möge.

In meiner Unkenntnis, die Wege Gottes und der Menschen betreffend, glaubte ich, die Verstümmelung meines Meisters rächen zu können. Und ich glaubte ganz sicher, dass ich, mit Hilfe der Heiligen Jungfrau, ewig so weiterrennen könnte.

Hufschlag nahte. Ein Nachtvogel schwang sich aus der Astgabel einer Eiche.

Feuchte Erdklumpen spritzten vor mir auf, und dann schlug mir die Hitze des Streitrosses entgegen.

2. Kapitel

Ich konnte beiseite springen.
Aber ich war jetzt auf einem Feld, das kürzlich mit Tonmergel und Kalk gedüngt worden war. Die Oberfläche war schlüpfrig und ich rutschte aus und schlug hin.
Ich war sofort wieder auf den Beinen, aber der Reiter hielt auf mich zu und die Brust des Rosses traf mich mit Wucht. Ich war glitschig von weißem Lehm und entwand mich zunächst den Händen, die mich zu packen suchten. Sie schleiften mich zu einer Pfütze, spülten mich recht und schlecht ab. Ich bemerkte wohl, wie sich die Männer des Königs verhielten – vorsichtig, dass mir kein körperliches Leid geschah.
Ihr Bestreben: die Aufgabe korrekt zu erfüllen und mich ihrem Anführer unversehrt zu bringen.

Blut reflektierte das Kerzenlicht. Die abgetrennte Hand leuchtete weiß um den schwarzen Nagelkopf. Ich schaute nicht direkt hin, sah sie aber dennoch, war mir ihrer bewusst, auch wenn ich auf die dunkle Wand starrte. Schwere Füße drückten mich in das gerinnende Blut auf den Holzdielen.
»Streckt seinen Arm aus«, sagte der Anführer. Mein Arm war stark, und es kostete drei Männer alle Kraft, ihn von

meinem Körper wegzuzerren und flach auf die abgetretenen Dielen zu pressen.

Ich hatte mir oft vorgestellt, im Kampf zu stehen oder Schmerzen zu leiden, und mich gefragt, wie ich mich wohl verhalten würde. Ich tat nichts Großartiges oder Tapferes. Ich beugte und streckte die Finger meiner rechten Hand, in dem intensiven Bewusstsein, dass sie noch mit mir verbunden waren. Ich biss die Zähne zusammen. Ich betete um Mut.

Und dann wurde es still im Raum.

Eine neue Stimme befahl uns, uns nicht zu rühren.

Es war eine gebieterische Stimme mit unserer hiesigen Sprechweise. Die Stimme verlangte Auskunft, wer da in einer solchen Nacht den Frieden des Königs breche. Das war eine reine Formel. Selbst ich, der ich so wenig von Recht und Gesetz verstand wie ein Kater, wusste, dass, auf den richtigen Antwortsatz hin, das Schwert sein Werk würde verrichten können.

Der Anführer der Männer erklärte in seinem ruhigen Londonerisch, dass der Münzer vom Münzprüfer des Königs für schuldig befunden worden sei, verfälschte Pennys zu prägen. Die Strafe für dieses Verbrechen sei gerecht vollzogen, und da hänge bereits die Hand des verbrecherischen Meisters, hier an diesem Nagel.

»Und der Lehrling da?«, fragte die Stimme und ich erwartete eine kurze, simple Antwort.

Ich wurde hochgezogen. Geoffrey, der Lordsheriff von Nottingham, trat zur Seite, um der Pfütze von glänzendem schwarzem Blut auszuweichen.

Ohne mich eines Blickes zu würdigen, sagte er ruhig: »Legt ihn in Ketten.«

Ich durfte durch die Straßen gehen, hinauf zur Burg, eine Wache an jeder Seite. Ich durfte auf meinen eigenen Beinen Stufen hinuntersteigen und dann einen Gang aus kaltem Stein entlanggehen. Eine kleine Eichenholztür wurde unter Quietschen und Knarren ein Stück weit aufgezerrt, und man bugsierte mich durch den Spalt. Die Eisen waren frisch geschmiedet, glänzten noch von den Hammerschlägen, die sie geformt hatten.
Meine Hände wurden mit langen, schweren Ketten an der Wand festgeschlossen und meine Füße am Boden, aber es waren Männer des Sheriffs, die sich an mir zu schaffen machten, nicht Fremde aus London, und sie taten ihre Arbeit, ohne zuzutreten oder mir einen Ellbogen ins Fleisch zu rammen, und sie mieden meinen Blick. Ich kannte sie vom Sehen.
»Durch die Fenster kommt Tageslicht«, sagte einer von ihnen, Henry, der fett und kurzatmig war. Das hier waren waffenfähige Männer, aber langsam oder alt. Die kampftüchtigen waren fast alle längst davongezogen, um König Richard in seinen heiligen Krieg zu begleiten. Der Heilige Vater in Rom hatte verkündet, dass alle, die dafür kämpften, Jerusalem den Heiden wieder zu entreißen, Ablass erhalten würden – die Vergebung ihrer Sünden. Der schlimmste Verbrecher konnte sich von seinen Untaten rein waschen, indem er sich der Streitmacht Gottes anschloss. Ich beneidete diese bewaffneten Wallfahrer. Ich wusste, mein Meister war ein guter Mensch, aber ein Verbrecher, und die Gerichtsbarkeit würde auch mich für schuldig befinden.
Und der Himmel ebenfalls.
»Und wir haben eine Katze, die die meisten Ratten tötet«, sagte Henry.

Er rüttelte noch einmal aufmunternd an meiner Beinkette; die Tür quietschte und fiel zu. Ein Schlüssel nahm sich Zeit, das Schloss zu finden und sich zu drehen. Ich ließ den Kopf gegen den Stein sinken. Als ich mich zusammenkauern wollte, scharrten die Ketten über den vermörtelten Stein.

Ich konnte zwar meine juckende Wange kratzen, aber es war ein mühseliges Unterfangen, da die schweren Kettenglieder an meinem Arm zerrten und bei jeder Bewegung schleiften.

Ich hatte Tagträumen nachgehangen. Ich hatte mich einmal im Jahr mit meinem Meister nach London reisen sehen, um dort an der Tafel des Schatzmeisters zu sitzen. Ich hatte mich gegen die Heiden kämpfen sehen, Seite an Seite mit Rittern. In meinen privaten Heldenspielen hatte ich König Richard getroffen und mich in seinen Dienst gestellt. Wie jeder Christ sehnte auch ich mich danach, in Jerusalem zu beten. Aber ich verstand nichts von Schwertern und Lanzen. Bessere Männer als ich zogen für die Heilige Jungfrau in den Kampf.

Vor allem aber hatte ich davon geträumt, Elviva zu gewinnen, die in der Nähe der Stadtmauer wohnte. Ihr Vater war Peter de Holm, ein Kaufmann, der mit Schafwolle handelte, und ein guter Freund meines Meisters. Sie war oft mit ihrem Vater im Haus meines Meisters zu Besuch gewesen, und während die beiden Männer Ottos Rheinwein tranken, erörterten wir beide, Elviva und ich, unsere geheimsten Fragen zu den Wundern dieser Welt – Hexen, die sich in Kaninchen verwandeln konnten, Nymphen, die in menschlicher Sprache zu sprechen vermochten. Wir hatten darüber geredet, wie es wohl wäre, einem Engel zu begegnen, ob ihn wohl blendendes Licht um-

gäbe. Elviva beugte sich beim Zuhören begierig vor, und ihre grünen Augen leuchteten auf, wenn sie lachte. Sie kleidete sich wie jede keusche Kaufmannstochter, in Falten und Hauben von feinstem Tuch, züchtig, um die Männer, die sie erblickten, nicht in Versuchung zu führen, aber ihre Schönheit war nicht allzu gut verborgen.
Da wir von Feen und Zwergen sprachen, glaubte ihr Vater, mein Kopf stecke voll von abergläubischen Geschichten und dem simplen Latein, das Otto mir beigebracht hatte, in der Hoffnung, dass ich eines Tages ein angesehener Mann wie er werden könnte. Aber diese Dinge waren für Elviva und mich eine Art Geheimsprache, ein Code, den nur wir verstanden. Ich erklärte ihr, wenn ich einen Kobold zu Gesicht bekäme, würde ich ihn an der Nase packen und fangen. Ich hatte mich sogar schon eines Tages mit scharlachroten Ärmeln und einer golddurchwirkten Mütze aus London zurückkehren und bei ihrem Vater um ihre Hand anhalten sehen.
Jetzt war ich, wo ich hingehörte, nach dem Gesetz und Gottes Gebot. Ein Augenpaar glitzerte im Dunkel, verschwand, glitzerte wieder auf. Die Kerkerkatze hatte ihre Arbeit nicht besonders gut gemacht. Eine Ratte setzte sich schnuppernd auf, kroch näher heran und beäugte mich. Eine meiner frühesten Erinnerungen war, wie meine Mutter sang, ein Lied von Kuckucksvögeln im Mai, während Ratten leise in den Wänden fiepten. »Die alte Katze betrügt ihren Herrn«, sagte ich, »wenn sie euch hier die ganze Nacht tanzen lässt.«
Die Ratte setzte sich auf, von meiner Stimme gefesselt wie ein Einhorn.Tageslicht zeigte sich in den hoch angebrachten Fensterschlitzen, drei graue Streifen, und Vögel begannen zu zwitschern.

Ich streckte Arme und Beine, mit großer Mühe, da die Ketten jetzt noch schwerer wogen. Bei allen Vorzügen, die mein Meister hatte – seinem freundlichen Lächeln, seinem gütigen Lachen, seinem Vorrat an fränkischen Sätzen – hatte er doch einen schwerwiegenden Fehler.
Er hatte den König betrogen.
Otto hatte ein Verfahren ersonnen, das Silber beim Schmelzen mit norwegischem Kupfer zu vermischen. »Eigentlich gar kein richtiges Verbrechen, Edmund«, hatte er mir vertraulich erklärt. Kupfer sei ja auch ein wertvolles Metall, auf seine Weise, hatte er mir versichert. Ich glaube, die Kunst dieser Legierung zu beherrschen, bedeutete ihm ebenso viel wie die Mehrung seines Reichtums. Otto kaufte das Kupfer in braunen Barren von durchreisenden Händlern aus York oder Whitby, und die Pennys aus einem Fünftel Kupfer und vier Fünfteln königlichem Silber waren genauso schön anzufassen und landeten mit demselben fröhlichen Klimpern auf einem Wirtshaustisch wie reines Silber.
Jedenfalls beinahe. Ich konnte den Unterschied riechen und sogar schmecken, und dieses verfälschte *Argentum* fühlte sich eindeutig dürftiger an. Aber Otto hatte mir erklärt, der Müller achte nicht weiter auf die Münze, die seinen Handteller küsse.
Solche Lehren gibt uns der Teufel ein – uns, seinen eifrigen Schülern. Er stachelt uns auf, indem er uns sündige Hoffnungen macht. Die grauen Tageslichtstreifen wurden heller. Sie krochen langsam über die Steindecke meiner Zelle. Das Licht fiel auf meine Hand, die auf dem Boden lag. Winzige Flöhe tummelten sich darauf.
Mein Meister war schuldig und damit auch ich als sein Lehrling. Wobei ich allerdings nie eine Wahl gehabt hatte

und auch keinen Gewinn, außer der besseren Qualität der Hühnchen, die wir zu Abend speisten, und des Biers, das wir tranken. Aber hatte ich meinen Meister je davon abzuhalten versucht oder vor dem Zorn des Königs gewarnt?

Die Tür ging auf und ein alter Mann brachte einen Teller mit braunem Brot und Schafskäse und einen Becher mit schalem Bier herein. Das Brot war köstlich, das Bier in zwei Schlucken getrunken. Als ich nach Meister Otto fragte, ob er noch lebe oder tot sei, schüttelte der Alte nur traurig das weiße Haupt.

Ich betete zum heiligen Petrus – der selbst in Ketten gelegen hatte – dass ich so weiterleben dürfte, Wochen oder auch Monate, wenn es denn der Wille des Himmels sei.

Die Tageslichtstreifen fielen quer durch meine Zelle und verblassten zu einem trüben Rötlichgrau.

Schritte hallten und ein Schlüssel scharrte im Schloss.

»Du hast ein Stelldichein mit dem Sheriff«, sagte der Mann des Sheriffs und ich erkannte, während mir die Handeisen abgenommen wurden, einen gewissen Humor in dieser Formulierung. Von jemandem, der zum Tod durch den Strick verurteilt worden war, sagte man, er habe ein Stelldichein mit des Seilers Tochter. Und wenn jemandem die Nase abgeschlagen werden sollte, weil er Geld aus dem Opferstock gestohlen hatte, dann hieß es, er habe ein Stelldichein mit einer schönen, scharfen Klinge.

3. Kapitel

Es war erst kurz vor Sonnenuntergang, aber in diesem großen Raum war es schon dunkel.
Überall Kerzen, ein schöner Anblick, ringsum Messingleuchter, außer unmittelbar neben dem Sheriff, wo sein Weinbecher griffbereit stand. Dort spendete ein Kerzenleuchter aus Gold – ein kurzer Halter, aber das Lösegeld für einen Ritter wert – edles Licht. Ein Windhund, eine weiße Hündin, betrachtete mich mit leiser Neugier.
Die Burg war als ein wundersamer Ort bekannt. Der Sheriff hielt sich einen Narren, ein exotisches, stummes Geschöpf, und die Frau des Sheriffs war für ihre Schönheit berühmt. Es hieß, dass sogar Robin Hood leibhaftig in diesen Mauern geweilt habe.
»Das ist also Edmund«, sagte der Sheriff und fuhr mit dem Finger eine Pergamentrolle entlang. Ich trug meine Tunika, einen Kittel aus weicher, brauner Wolle, befleckt mit dem Blut meines Meisters. Es war ein Tuch, wie es nur wenige Söhne von Freigelassenen trugen, aber meine Füße waren bloß.
Wieder sandte ich ein stummes Gebet zum Himmel. Ich blieb, wo ich war, aber ich hatte ja Augen.
Ich konnte keine Spur von einem Narren entdecken und auch keine Frau. Der Mann des Schatzmeisters saß neben

dem Lordsheriff und ich versuchte, in seinem Gesicht zu lesen. Der Mann war jetzt nicht mehr im Panzerkleid, sondern vornehm gewandet, mit tiefindigoblauen Ärmeln. Ich hatte noch nie eine so hohe Decke gesehen, Dachbalken so weit über meinem Kopf.

»So heißt er – einfach nur *Edmund*, kein Weiler, auch kein Vatername?«, fragte der Mann des Schatzmeisters.

»Sein Vater war Arthur, ein Freigelassener«, sagte der Sheriff.

Woher ich den Mut nahm, die Frage zu stellen, weiß ich nicht, aber die Worte waren draußen, ehe ich sie zurückhalten konnte. »Herr«, sagte ich, noch immer kniend, zum Sheriff. »Mein guter Meister Otto – lebt er noch?«

Der Sheriff sah mich an. Er wirkte gedankenmüde. »Das ist eine schlimme Wunde«, sagte er nicht unfreundlich. »Die Leber vermag das Blut nicht warm zu halten, wenn so viel davon an die Luft strömt.«

»Er ist tot«, sagte der Mann des Schatzmeisters.

»Ich hoffe auf Eure Gnade, Lordsheriff. Und die Gnade unseres Königs.« Ich weiß nicht, wie ich es schaffte, in einem solchen Moment so ritterliche Worte hervorzubringen, und meine Stimme war kaum mehr als ein Flüstern.

»Die Gnade des Königs!«, sagte der Mann des Schatzmeisters lachend.

Der Sheriff rollte das Pergament zu einem Stab. »Gnade«, sagte er, »wird nur dem zuteil, der Buße tut.« Was konnte ich für eine Buße tun, dachte ich, die mir auch nur eine einzige Stunde Aufschub einbringen würde? Der Sheriff wandte sich ab, um den Worten zu lauschen, die ihm Hugh, sein junger Gehilfe, zuflüsterte.

Der Sheriff zog die Brauen hoch, griff nach dem Becher –

Altsilber, mit Karneolen besetzt, flämische Arbeit – und nahm einen Schluck. »Du hast wohl nie auf einem Pferd gesessen, Edmund?«
»Oh, doch, Herr, ehe meine Eltern nach dem Ratschluss des Himmels am Milzbrand erkrankten, bin ich öfter mit der Ware meines Vaters zum Markt geritten.« Mein Vater war Fassbinder gewesen, ein einfacher Handwerker, aber ein sehr kunstfertiger, der sich darauf verstand, Fassdauben aus Pappelholz zu schnitzen. Mein Vater hatte, als ich zwölf Jahre alt war, mein Lehrgeld aufgebracht, indem er müde und mit roten Augen im Feuerschein gearbeitet hatte. Ein Pferd hatte ich nie im Leben bestiegen.
Hugh sagte wieder etwas, mit leiser Stimme, und eilte dann hinaus.
Der Sheriff wandte sich an den Mann des Schatzmeisters, das Gesicht vom Kerzenschein erhellt, und sagte: »Ich werde Edmund eine Chance geben, sich die Gunst unseres Königs und die Gnade Gottes zu verdienen.«
»Aber dieser Bursche ist der Sohn eines unwissenden Handwerkers«, sagte der Mann des Schatzmeisters. »Ich wette eine Goldmark, dass er nie auch nur auf einem Ackergaul gesessen hat.«
»Bezichtigt Ihr Edmund der Lüge?«, sagte der Sheriff.
»Lordsheriff«, stieß ich heiser hervor. »Ich habe ein Händchen für Tiere und vermag ihnen die Angst zu nehmen.« Das stimmte – Hunde wie Hühner mögen meine Gesellschaft.
Zunächst schwiegen sie beide. »Er hat sich für ein Verbrechen zu verantworten und ich könnte es ihm kaum verdenken, wenn er lügen würde«, sagte der Mann des Schatzmeisters schließlich.

»Aber Ihr seht doch, edler Alan, wie gut er ein Schwert tragen könnte«, sagte der Sheriff. Obwohl er sorgsames Londonerisch sprach, sagte er doch *swörd* wie die Leute in unserer Stadt. »Und einen Lehrling kann man doch nicht für die Habgier seines Meisters haftbar machen.«
»Das kann man sehr wohl«, sagte Alan.
»Aber seht doch, wie gut er für den Kampf geeignet ist. Und was es, beim Himmel, für eine Vergeudung wäre, Gott um einen solchen Schwertarm zu bringen.«
Alan machte eine Handbewegung wie jemand, der eine Mücke verscheucht. »Außerdem«, sagte er, »kann er, wenn wir ihm die Hand abschlagen, durchaus mit dem Leben davonkommen. Wenn wir ihn aber ins Heilige Land schicken, gegen Saladin, wird er diese Stadt womöglich nie wieder sehen. Und im Übrigen sind die allermeisten Kreuzfahrer schon vor Wochen aufgebrochen. Wer sollte diesen Lehrburschen hier nehmen und einen Knappen aus ihm machen?«

Als man mich durch den Burggang zurückführte, stand da ein Mann, breitbeinig, die Hände in die Hüften gestemmt, und versperrte uns den Weg.
Er trug ein Schwert mit einem blanken Eisenknauf.
»Ah, Sir Nigel«, sagte der Sheriff, der uns gefolgt war. »Das da vor Euch ist der junge Mann, der so stark ist wie vier Männer des Königs. Oder waren es fünf?«
Diesen Ritter hatte ich noch nie gesehen, obwohl ich die meisten Ritter unserer Gegend mit Namen kannte. Sir Nigel war kleiner als ich, wenn das auch nichts Ungewöhnliches war – ich gelte als groß. Er trug das stahlgraue Haar ganz kurz geschoren, wie viele Männer, die einen gut Teil der Zeit einen Helm aufhaben, und das

Weiße seiner Augen war leicht gelblich. Seine Haut hatte ebenfalls einen Gelbstich. Seine Tunika war meiner ähnlich, allenfalls noch dreckiger, aber von Hausschmutz, nicht von Blut.

»Dieser Münzschläger sagt, er kann reiten«, sagte der Sheriff.

Sir Nigel griff mir ins Gesicht, zog meine Unterlippe herab und betastete meine Stirn bis hin zu der kleinen Narbe, die ich dort habe, von dem Geißbock, der mich als kleinen Jungen erwischt hat.

»Gott kann wahrhaft grausam sein«, sagte Nigel. »Nimmt mir meinen geliebten Knappen durch einen Unfall und lässt mir keinen als Schildträger, außer einem Lügner.«

»Dann behalten wir ihn eben«, sagte der Sheriff. »Ich werde veranlassen, dass der Bader einen Breiumschlag bereithält, etwas, um das Blut zurückzudämmen, wenn die Hand abgetrennt ist.«

»Man hat mir gesagt, dass du Edmund heißt und alles tun wirst, um dein Leben zu retten«, sagte Nigel. Seine Tunika war mit Enten- und Gänsefett beschmiert und hatte einen Weinfleck unten am Saum. Wie jeder Mann von Stand führte er eine üppige Tafel.

»Jawohl, Herr, alles. Erdenkliche. Selbst Gott dienen«, sagte ich.

»So beschränkt ist meine Auswahl nicht«, sagte Nigel. »Da ist noch ein Bursche, der mit auf den Kreuzzug will. Der Sohn eines Wollhändlers aus dem Westen – eines Mannes mit Glasfenstern in seinem Haus und zwei Kaminen.« Glasfenster waren äußerst selten, außer in Kirchen und Kapellen. »Dieser junge Mann versteht zu kämpfen, mit der Streitaxt oder dem zweihändigen

Schwert. Ich werde wählen – den Sieger im Zweikampf zwischen dir und Hubert.«
Die Augen des Ritters verengten sich zu einem lachenden Ausdruck und ich wusste, meine Chancen waren gering. Ich würde es nie schaffen, einen Kaufmannssohn in einem Spiel zu schlagen, das ich noch nie gespielt hatte, Schwert gegen Schwert. Und dieser Ritter hier, der es gewöhnt war, Gegner abzuschätzen, sah mir ins Herz.
»Beeilt euch«, sagte der Sheriff leise zu uns beiden. »Ehe sich's der Mann des Schatzmeisters anders überlegt.«

4. Kapitel

Sir Nigel marschierte mit leicht steifem Gang durch das Dämmerdunkel. Er schritt vor mir her, durch die schmalen Gassen, vorbei an Häusern aus Holz und Lehm. Bewohner, die auf der Straße herumstanden, nickten ihm respektvoll zu und viele bedachten auch mich mit einem Blick. Manch hübsche junge Frau sah mich mitfühlend an. Aber keine von ihnen war Elviva, und ich sah in den Augen dieser Nachbarinnen die Art von Mitleid, die sie einem armen Kerl entgegenbringen würden, der zum Galgen geführt wurde.

Wir gingen durchs Viertel der Bäcker – Männer, die zeitig zu Bett gingen, damit sie in aller Frühe aufstehen und bis zum Morgen ihren Teig zu Broten kneten konnten. Wir gingen durchs Stadttor, wo uns die Wächter mit munteren Zurufen grüßten. Die Spätwinterfelder waren grün, die Bäume kahl und bronzen in der untergehenden Sonne. Sir Nigel und ich näherten uns einem mauerumfriedeten Anwesen außerhalb der Stadt.

Der Ritter stieß ein großes, mit spitzen Bronzenägeln beschlagenes Holztor auf. Wir blieben kurz in einem kleinen, mit gestampftem Lehm befestigten Innenhof stehen, vor einem Haus aus grauem Stein. Ich hatte dieses Haus schon von der Straße aus gesehen, eins der wenigen Steingebäude hier in der Gegend. Es hatte Sir Roger gehört, einem alten Ritter, kriegsmüde von einem weit zurückliegenden Kreuzzug. Der alte Ritter war an der Ruhr gestorben, an Blutungen aus dem Gedärm, vor sechs Monaten. Das hier war der neue Bewohner von Roger's Hall. Pferde wieherten leise in den Ställen, als sie die Stimme des Ritters hörten. Wir blieben im Hof stehen.

»Nimm Stand«, sagte er auf Londonerisch.

Ich verstand es, obwohl es so fremd klang. Mein Herz pochte, während ich mich breitbeinig aufpflanzte, das Kinn vorgereckt, wie ich es bei Rittern im Turnier gesehen hatte.

Nigel ging um mich herum wie ein Mann, der einen Jungbullen inspiziert, den er auf dem Markt erworben hat. Ich wusste, was kommen würde, aber es war trotzdem ein Schock, als er gegen mich anrannte und mich umwarf.

Ich sprang auf.

»Versuch's nochmal«, sagte er.

Ich war augenblicklich am Boden, als mich sein Hieb traf, nur eine Faust, rücklings, ein Schlag, den ich hatte kommen sehen. Er reichte mir keine Hand, um mir aufzuhelfen, was ich auch weder erwartet noch verdient hatte.

»Dein Meister Otto war ein Dieb«, sagte er schließlich.

»Nein, Herr, er war ein ehrlicher Münzer.«

Der Ritter lachte auf, aber es lag etwas Trauriges in diesem Lachen. »Nochmal«, sagte er.

Diesmal berührte er mich kaum, nur ein kurzer Stoß mit der gestreckten Hand, direkt unter meine Rippen. Ich schnappte nach Luft, schwor mir, nicht zu Boden zu gehen, und fiel.

Ich war im Nu wieder auf den Beinen – bestürzt über mich selbst. Zornträne standen mir in den Augen.

»Ihr werdet meinen Meister Otto nicht in den Schmutz ziehen«, hörte ich mich sagen. »Und auch nicht seine brave Frau.«

Der Ritter lachte. »Das alles werde ich tun, Edmund. Auf diesem Weib zum Markt reiten, vor deinen Augen, wenn es mir beliebt. Ich fürchte, bei den Heiligen, ich begehe einen Fehler. Ich begehe einen schrecklichen Fehler, indem ich den Lehrburschen eines Diebs an meiner Tafel sitzen lasse. Aber ich begehe diesen Fehler sehenden Auges.«

Ich hasste ihn.

Der Ritter führte mich in einen großen Saal mit eichenen Deckenbalken und eine anmutige Gestalt, die ich für ein Freudenweib hielt, bot ihm einen Becher dar.

Der ganze Boden war dick mit Stroh bedeckt und Diener erschienen durch den Feuerrauch und lösten Nigels Schwertgurt. Weiter hinten warf ein mächtiger Kamin einen fröhlichen Flammenschein und in dem Eichenholzrauch hingen die länglichen Formen von Speckseiten und Schinken.

Nigel ließ sich seufzend nieder und winkte mir, mich zu ihm zu setzen. Ich sah mich gründlich um, in der Hoffnung – und Furcht –, diesen kampferfahrenen Hubert zu erblicken.

Die Bank, die Nigel mir anwies, war aus sorgfältig gehobelter Eiche, besser als alles, was mein Meister besessen hatte. Ritter waren bekannt für die Pflege männlicher Genüsse: Frauen, Essen und Trinken. Aber ich hatte immerhin im Haus eines Münzers gelebt, und wenn wir auch nicht so vornehme Dinge besessen hatten wie der Sheriff, hatten wir doch zu Mittag Erpel gegessen und das weißeste Brot.

Das Tafelmesser war aus gediegenem Silber, mit einem Holzgriff und schwer. Ich wünschte, ich könnte Elviva erzählen, wo ich gelandet war. Dieser Ritter beobachtete mich ganz genau, als ich ein warmes Stück Brot mit einer Scheibe Rindfleisch von einem breitschultrigen Diener entgegennahm.

»Wenstan«, sagte Nigel zu seinem Bediensteten. »Unser Edmund hier glaubt, dass er Hubert im Zweikampf schlagen kann. Und unser Edmund hier hat noch nie im Leben Schwert oder Schild getragen.«

»Hubert?«, sagte Wenstan, als ob ihn der Gedanke schockierte. »Oh, ich glaube nicht –« Er stotterte. »Ich glaube nicht, dass das ein fairer Zweikampf wäre, Herr.«

»Das sehen wir morgen«, sagte Nigel, als kümmerte es ihn nicht weiter. »Aber wir können Edmund doch nicht nackt losreiten lassen, damit er seinen Kopf auf einem Speer wiederfindet, oder?«

Nackt bedeutete für einen Ritter ungepanzert. Ein Bote, ja sogar ein Bogenschütze, und sei er noch so gut ausgerüstet, war in den Augen eines gepanzerten Streiters nackt.

Der Becher, den Wenstan mir reichte, enthielt herzerwärmenden roten Wein. »Oh, Herr, wir werden Edmund ausstatten wie einen Ritter der Templer«, sagte Wenstan. Im Gespräch redete man jeden, der wesentlich höher gestellt war als man selbst, mit Herr an, gegebenenfalls auch mit *mein Herr und König* oder *mein Herr und Heiliger Vater*.

Ich bemerkte, dass Wenstan mich nicht »Master Edmund« oder »Junker« nannte.

Ich trug immer noch meine blutbefleckte Tunika aus gutem Wolltuch, aber ich bemerkte wohl, dass der Diener eine Messingschnalle der besten Sorte an seinem Gürtel hatte und ein Messer mit Hirschhorngriff.

»Hubert ist ausgeritten«, sagte Nigel. »Eine Fähe hetzen, würde ich vermuten. Er hat ein neues Kettenhemd und einen kaum eingerittenen Sattel. Er will sich an das Leder gewöhnen.«

Ich kaute und mühte mich sehr, das plötzlich fade Fleisch in meinem Mund hinunterzuschlucken. Ich bedauerte es, als Wenstan uns allein ließ.

»Ich wäre schon längst losgezogen, um unseren König auf dem heiligen Kreuzzug zu begleiten«, sagte Nigel, »aber krank, wie ich war, konnte ich nicht mal das Bett verlassen.«

»Es schmerzt mich, das zu hören, Herr«, sagte ich.

Nigel trank von seinem Wein und betrachtete mich sinnend.

Dann sagte er: »Ein Hammer hat meinen Knappen erschlagen.«

Das konnte nur ein böses Omen oder ein unseliger Zufall sein. Ehe ich mir überlegen konnte, wie ich die genaueren Umstände dieses Unglücks ertragen sollte, setzte er hinzu: »Ein Steinmetzhammer, der von der Sankt-Bartholomäus-Kapelle fiel, vor knapp fünf Wochen. Hat ihm den Schädel zerschmettert, das Hirn und allen Verstand verspritzt. Er ist gestorben.«

Es schien überflüssig zu erwähnen, dass ein Bursche ohne Hirn und Verstand nicht weiterleben konnte, aber ich antwortete, wie mein Meister es mich gelehrt hatte. Ich sagte, es daure mich, von seinem Verlust zu hören.

»Ich will nicht mehr von ihm sprechen«, sagte der Ritter. »Es schmerzt mich.«

»Wie Ihr beliebt, Herr.«

»Ich hatte einen Traum«, sagte der Ritter, »und gestern habe ich dem Sheriff beim Wein davon erzählt. Ich habe geträumt, der Mann, der meinen Knappen getötet hat, sei von den Toten auferstanden und zu mir gekommen, um mir seine Dienste anzubieten. Ich habe stundenlang überlegt, wie das wohl zugehen könnte.«

Ich hielt den Blick gesenkt.

»Ich habe den Steinmetz für sein Missgeschick getötet«, sagte Nigel. »Bin das Gerüst hinaufgeklettert, habe ihm die Kehle durchgeschnitten und den Steinmetzmeister mit einem Beutel Silberpennys für den Verlust entschädigt. Echtes Silber«, setzte er betont hinzu, »mit dem Konterfei des alten Königs Heinrich darauf.«

Ich hielt den Mund, kratzte beiläufig Flohstiche an meinen Beinen.

»Du brauchst Rindfleisch zur Stärkung«, sagte Nigel. »Vielleicht bist du ja im Grund deines Herzens kein schlechter Kerl. Ich war selbst mal ein kräftiger Bursche wie du, mit dem Verstand eines Erpels. Ich habe in meinem Leben drei Männer getötet, Edmund. Einen aus Versehen, es war erst mein zweites Turnier, wo ich einen poitevinischen Ritter mit der flachen Schwertklinge erschlug. Dann einen Gänsedieb, einen Gefolgssoldaten, den ich zu Pferd verfolgt und durchbohrt habe« – Nigel hieb das Messer in das hölzerne Schneidebrett –« mitten durch die Milz, dass das rote Blut nur so hervorquoll. Und dann kürzlich diesen unseligen Steinmetzlehrling.«

Die Reise ins Heilige Land, um dort um das Wahre Kreuz zu kämpfen, wusch einen in Gottes Augen selbst von der schlimmsten Sünde rein. Dennoch erstaunte es mich, dass ein so erfahrener Streiter nicht viel mehr Männer getötet hatte.

»Ich bete darum«, sagte er und seine Augen leuchteten auf, »ehe ich sterbe, unserem Herrn in einer großen Schlacht dienen zu dürfen.«
»Gott will es«, sagte ich leise und nahm damit, ohne groß zu überlegen, den Schlachtruf der Kreuzfahrer auf.
Nigel schlug mit der flachen Hand auf den Tisch und lachte, in den Augen jetzt ein lebhaftes Blitzen. Der Blick dieses Ritters war von einer gewinnenden Kraft – ich konnte nicht mehr anders, als ihn zu mögen. »Vielleicht hast du ja das Herz eines Münzfälschers und die Leber eines Christenmenschen.«
Die Leber, das wusste ich, war der Sitz des Mutes, aber ich war nicht mutiger und nicht feiger als jeder andere.
»Ich habe jeden Penny, der mir je gezahlt wurde, hier in diesem Haus«, fuhr der Ritter fort und drückte dabei den ledernen Münzbeutel an seiner Seite. »Ich bin bereit, alles zu geben, um den Heiligen zu dienen.«
Das Betasten des Silbers schien ihn in eine träumerische Stimmung zu versetzen, wie es einem eben geht, wenn man Geld in der Hand fühlt. Ein echter Knappe hätte zweifellos etwas Kluges und Welterfahrenes zu sagen gewusst, aber mich hatte der Wein dumm gemacht.
Er musterte mich. »Du bist müde!«
»Niemals, Herr.«
Ich zockelte hinter Sir Nigel her, gebannt von einem fernen Geräusch.
Vielleicht war dieser Schritt, der dort irgendwo im Stroh raschelte, ja Hubert, der von der Jagd zurückkam.
Wie lange würde Hubert brauchen, um mich mit seinem Schwert in den Schlamm zu strecken?

5. Kapitel

»Du schläfst hier«, sagte der Ritter.
Ich dankte ihm. Diese weiche Decke und die federngefüllte Schlafunterlage waren unverdienter Luxus.
»Ich werde lange vor Sonnenaufgang wach sein«, sagte der Ritter. Er hielt jäh den Atem an und wich einen Schritt zurück.
Ich versuchte mit zusammengekniffenen Augen durchs Kerzenlicht zu spähen, um herauszufinden, was diesen Recken so erschreckt haben konnte.
Eine Spinne krabbelte über meinem Lager die Wand hinauf.
Sir Nigel ergriff einen Schemel. Er holte aus, um den winzigen Eindringling am Stein zu zermalmen.
»Wenn Ihr gestattet, Herr«, sagte ich. Ich streckte die Hand aus und das glänzend schwarze Etwas wieselte davon. Aber ich war beharrlich und fing es schließlich ein, barg es in beiden Händen.
Die Spinne tastete in den Furchen meiner Hände herum. Ich eilte durch den Rauch des Herdfeuers und entließ das vielbeinige Geschöpf draußen in die Nacht.
Als ich zu meiner Lagerstatt zurückkam, fand ich sorgsam gefaltete Kleider, einen Gürtel mit der besten Messingschnalle und Schuhe von der Art, wie sie Schwert-

kämpfer tragen, eisenbeschlagen. Aber da war keine Waffe, noch nicht mal ein Kurzschwert.
Ich lag still da, während in den entfernten Winkeln der Halle Wenstan die wenigen flackernden Kerzen löschte und die Stummel einsammelte. Ich meinte, Laute der Lust zu hören, eine begehrliche Vereinigung irgendwo im Dunkeln. Ich fasste mir an die Kehle, befühlte die Stelle, wo Huberts Klinge mir Stimme und Atem kappen würde.
Zu Beginn des neuen Tages, irgendwann nach Mitternacht, als die riesige, dunkle Kammer des Herds ein einziges rotes Glühen war, erhob ich mich von meinem Lager. Wenn da eine Nachtwache war, konnte ich sie nicht sehen. Jemand schnarchte. Eine Männerstimme murmelte im Traum. Alle Brunst- und Lustgeräusche waren verstummt.
Schritt für Schritt schlich ich mich durch den Saal. Ich hielt den Atem an: um mich nur weinbetäubte Schläfer.
Nigel lag flach auf dem Rücken, die Hände an den Seiten, wie das steinerne Abbild eines Ritters auf einer Gruft, nur dass er nackt war, sein schlafendes Gesicht jung im Schummerlicht. Ein Becher schimmerte stumpf auf dem Boden, ein Würztrunk aus Wein und Honig, wie ihn manche Männer nachts neben sich stehen haben.
Vielleicht hoffte ich ja, dass mich ein kräftiger Diener, eine schlaflose Magd ansprechen würde. Ich fühlte ein Augenpaar auf mir, aber als ich mich umdrehte, war da niemand.
Meine neuen Kleider passten mir recht gut, obwohl die Schuhe ein bisschen groß und steif waren und bei jedem Schritt knarrten. Alles war ganz neu, Ärmel und Kragen, und ich wunderte mich über die Großzügigkeit des Ritters, einen Grünschnabel wie mich so auszustatten.

Ich schlich zu der schweren hölzernen Eingangstür, drückte erst leicht, dann stärker und lehnte mich schließlich mit meinem ganzen Gewicht dagegen. Was machte mich in diesem Moment so sicher, dass jemand meinen Namen sagte?Aber ich sah niemanden.

Ich bemühte mich um einen zielstrebigen Schritt, als ich den Hof durchquerte. Ein Pferd stieß ein hohes, fragendes Wiehern aus, regte sich leise im Stall.

Sorgsam darauf bedacht, mich wie jemand zu bewegen, der einen Auftrag seines Herrn ausführt, verließ ich die Wohnstatt und fand mich auf der Straße, einem von Wagenrädern zerfurchten Erdstreifen zwischen überfrorenen Wiesen und Feldern. Von Norden schlug mir der Geruch von Regen entgegen, und der Mond war wolkentrüb.

Im Gehen griff ich in meine fein gewirkte Bluse und zog einen schlaffen Geldbeutel heraus. Ich zupfte den Lederbeutel auf und zum Vorschein kamen drei silberne Viertelpennys, die im Mondlicht funkelten.

Einer fiel auf die Erde und ich kniete mich hin, um ihn zwischen den tiefen, ungleichmäßigen Radfurchen aufzulesen. Es war ein säuberlich geviertelter König-Stephans-Penny. Ich hatte absichtlich nur diese wenigen geringen Münzen mitgenommen, trotz all der Säcke mit Silber in Sir Nigels Geldkammer. Meine Hoffnung war es, lange genug auf freiem Fuß zu bleiben, um mir eine Zukunft zu suchen. Ich konnte Tore flicken oder Dächer decken.

Wenn ich die Freiheit erlangte. Und wenn ich eines Tages zu Elviva zurückkehren konnte, mit Silber, das ich mit meiner Hände Arbeit verdient hatte...

Ich fand einen Schrittrhythmus und marschierte dorthin, wo die Felder den Rand des Eichenwalds kerbten.

Vorbei an den Dächern schlafender Kätner, an Schweine-

koben und fuchssicher verrammelten Hühnerhäusern, trug mich das Rückgrat des Hochwegs auf und ab, durch Land, das ich noch nie gesehen hatte. Ich hatte noch keinen Atemzug getan, den ich nicht meinem Vater oder meinem Meister dankte, und jetzt stand ich in der Schuld meines neuen Herrn, des Ritters. Im Gehen fühlte ich, wie sich die lange Leine um meinen Hals straffte, wie sich die Schlinge meiner Arglist zuzog. Die Straße war von Karren- und Fuhrwerksrädern ausgehöhlt und von den Hufen der Karrengäule und Ochsen zerlöchert und manchmal stolperte ich in meinen neuen Schuhen.
Mir wurde eiskalt im Inneren beim Anblick der fremden Wiesen und Felder um mich herum, und doch war es nicht die Angst vor anderen, weniger zurückhaltenden Räubern, die mich langsamer gehen und schließlich Halt machen ließ. Es war nicht einmal die Angst vor dem berühmtesten aller Räuber, Robin Hood, die mich zaudernd zwischen den tiefen Furchen des königlichen Hochwegs stehen bleiben ließ.
Es war die Missachtung der letzten Worte meines Vaters: »Sei stolz, Edmund.« Stolz bedeutete tugendhaft, über jeden Gedanken an unrechtes Tun erhaben. Der Atem meines Vaters so rau und mühsam, dass die Worte wie knisterndes Eis klangen.
Aber ich trottete weiter, vorbei an Gänsekoben und Gehölzen von jungen Bäumen, dazu bestimmt, die Dächer von Bauernhäusern zu tragen.
Ich war noch nie so weit von zu Hause weg gewesen.

Regen pladderte mir auf die Schultern, durchweichte mein Haar, ließ mich bereuen, dass ich keine Kapuze oder Mütze hatte. Nicht lange, und der kalte Regen war so dicht, dass ich keine drei Schritte weit sehen konnte. Ich rutschte auf der matschigen Straße aus und fluchte. Meine neuen Schuhe sogen sich im Schlamm fest, erzeugten bei jedem mühsamen Schritt ein lautes Schmatzen, gefolgt von einem Platschen. Die Straße war so glitschig wie Gänsefett und ich kam ins Wanken.

Ich taumelte seitwärts, verstauchte mir den Knöchel.

Ich habe mir nichts getan, dachte ich, gekrümmt vor Anstrengung, mich selbst zu belügen.

Mein rechter Fuß war taub, jene jähe Fühllosigkeit, die einen zittern macht.

»Ist nicht so schlimm«, sagte ich laut.

Ich humpelte über die schlammigen Wagenspuren hinweg, in die Haselbüsche am Straßenrand. Gleich geht es weiter, versicherte ich mir. Ich muss mich nur einen Augenblick ausruhen.

Böiger Wind kam auf, und der Regen ließ nach, hörte ganz auf.

Ein Fuchs bellte, ein kurzes, helles Kläffen.

6. Kapitel

Ich erwachte hinter einem Wall aus Stein und Dornen. Nebel hob sich von den Wiesen, darüber kräftige Sonne, lautes Vogelgezwitscher. Irgendwo in der Ferne muhten und brüllten Kühe und die Luft war schwer vom Geruch von Holzfeuer und Mist.

Die Sonne war wunderbar. Mein Fuß pochte. Mir war schwach vor Hunger, meine Kehle war trocken. Vögel erspähten mein blaues Junkergewand und schimpften und flatterten.

Ich lugte durch die kahlen Sträucher. Als ich aufstand und meinen geschwollenen Fuß zu belasten versuchte, konnte ich gerade so humpeln wie der Krüppel, der am Markttag auftrat, ein Taschenspieler, der Hühnereier mit einer Berührung verschwinden lassen konnte.

Das Dach einer Bauernkate war über dem Dornengesträuch sichtbar: ein niedriges Haus mit Strohdach und Lehmwänden, Rauch von grünem Holz, der aus einer Öffnung im Dach quoll.

Ich kam nur sehr langsam voran und mein Schatten hinkte vor mir her wie ein Buckliger.

Der Anblick einer kleinen Gänseschar, die aus der Hütte marschierte, weckte Erinnerungen an brutzelndes Fett, dampfende Fleischscheiben auf einem Holzbrett.

Eine wohl gerundete junge Frau, in haariger grauer Wolle und mit einem Kopftuch, trieb das Federvieh vor sich her. Als sie mich sah, blieb sie stehen.
»Einen guten Morgen«, sagte ich.
Sie gab keine Antwort.
Dann verzog sie einen Mundwinkel zu einem vorsichtigen Lächeln. Reisende waren auf dieser Straße häufig und selbst Bauernsöhne wanderten zuweilen auf dem königlichen Hochweg in entfernte Gegenden. Ein Leibeigener, dem es gelang, ein Jahr und einen Tag auf freiem Fuß zu bleiben, war nicht mehr an die Scholle gebunden; in den Städten wimmelte es von Freigelassenen, die sich ihr Brot erbettelten.
Die Gänse fuhren die langen Hälse aus und stürmten schnatternd und trompetend auf mich los.
»Fort«, rief ich in meinem gebieterischsten Ton. »Bleibt mir fern!«
Ich erklomm das Mäuerchen, auf meinem gesunden Fuß balancierend, und der Leitganter reckte den Hals und kniff mich in die neuen Schuhe. »Ruft Eure Gänse zurück, seid so gut«, sagte ich.
Die Gänsemagd war ziemlich hübsch und schien ihren Spaß daran zu haben, einen Städter in guten Kleidern nach einem großen, zischenden Ganter treten zu sehen. Die anderen Gänse trompeteten, zischten, schrien. Die Tür des Bauernhauses flog auf und ein kleiner, rußverschmierter Mann trat ins Sonnenlicht, in der Hand eine Axt. Er hatte graues Haar und einen stämmigen Hals und hatte sich nicht mal die Zeit genommen, seine Mütze aufzusetzen.
Die junge Frau kam wortlos und ohne jeden Ansatz eines weiteren Lächelns auf mich zu und bückte sich unter-

wegs, um eine dünne Rute aufzuheben. Der Ganter schnappte nach meinen Beinlingen, erwischte dann den Saum meiner Tunika und ließ nicht los, nicht einmal, als ich trotz meines verstauchten Fußes so fest und gezielt zutrat, dass Federn, Daunen und Gefiederstaub flogen.
Der Bauer schwang drohend die Axt und stieß Verwünschungen aus, aber jetzt war ich kampfbereit. Ich sprang von der Mauer und verpasste dem Ganter einen weiteren, kräftigen Tritt. Der Vogel breitete die Flügel aus, rannte wie wild um mich herum und ließ sein Alarmgeschrei ertönen, und die übrigen Gänse trompeteten ebenfalls und hielten ihrem Recken und mir einen Kampfplatz frei, obwohl sie immer mehr zu werden schienen: überall Gänse und Gössel.
Der Axtschwinger teilte mühelos das Gänsemeer und hinter ihm beruhigten sich die Vögel und ordneten ihr Gefieder, jetzt plötzlich altweiberhaft und verschwatzt. Der Axtschwinger ergriff den Ganter am Hals und inspizierte seinen einen Flügel, indem er ihn ausbreitete, während das Tier schimpfte und zischte. Der Mann untersuchte den Ganter von vorn bis hinten, ohne einen Laut von sich zu geben oder die Axt wegzulegen.
Dann ließ er den Vogel los und dieser eilte mit halb ausgeklappten Schwingen an die Spitze seiner auf dem Rückzug befindlichen Armee. Die Gänse ergossen sich in die Richtung, die ihnen die junge Frau mit der langen, gelben Gerte wies, eine Flut von weißen und braun melierten Vögeln, keifend und triumphierend.
Der Bauer fixierte mich stumm – *Du bleibst hier*. Dann rannte er der jungen Frau hinterher, holte sie ein und verpasste ihr wortlos einen so kräftigen Stoß, dass sie der Länge nach in eine Pfütze schlug. Er trat mit voller Kraft

nach ihr – ein Tritt bis auf die Knochen. Es war, als wollte mir dieser Ackermann demonstrieren, *das, Sir, ist ein Fußtritt.*

Ehe ich mich bremsen konnte, war ich neben dem Mann und hatte ihn gepackt. Ich wollte ihm nichts tun, aber ich rüttelte an seiner Schulter, wie man es mit einem Schläfer macht, um ihn aus einem Albtraum zu wecken. Er stieß mich weg. Ein Teil meines Hirns ermahnte mich, ihm einen Guten Tag zu wünschen und mich davonzumachen. Aber dann gab er mir noch einen Stoß, einen, der mich an Sir Nigel erinnerte. Ich schlug den Bauern mit der Rechten, ohne besondere Anstrengung, nicht mehr als ein Klaps.

Der Mann fiel um und saß, nach Luft schnappend, am Boden. Er grabbelte nach seiner Axt und sprang auf.

Sein Blick glitt über mein Gewand, das schlammbespritzte, gefärbte Wolltuch, die neuen Schnallen. Er wunderte sich sichtlich, was ein Junker hier draußen suchte, so weit von jeder Stadt, ohne auch nur einen Zelter unter sich. Ohne auch nur ein Kurzschwert am Gürtel. Aber mit einer Rechten, die zuschlug wie die eines Schmieds.

Er rief der Gänsemagd etwas zu, Worte, die ich nicht verstand. Sie floh laut schreiend ins Haus zurück. Ihr Geschrei erinnerte mich an die Dörfler meiner Kindheit, die sich morgens mit lauten Rufen über die Felder hinweg zu begrüßen pflegten, Kuhhirten wie Handwerker, jeder mit seiner eigenen Art von Gruß.

»Ich zahle Euch einen Viertelpenny für einen Laib Brot, wenn Ihr so gut seid«, sagte ich. »Und eine Ecke Käse.«

Der Mann griff sich ans Kinn. Ein Silberpenny war die Jahresabgabe an die Kirche, der Jahreszins für ein Ochsengespann. Ein Viertelpenny war kein geringer Betrag.

Indem ich Silber für ein gewöhnliches Mahl bot, benahm ich mich geradezu wie ein Irrer – oder wie jemand, der auf der Flucht vor dem Gesetz ist.
Das laute Geschrei der jungen Frau hatte einen Burschen ihres Alters aus dem Haus stürzen lassen. Er rannte auf sie zu, in der Hand etwas, das wie ein Lehmschneider aussah, eine Klinge, um Lehm für die Hauswände zu schneiden. Der junge Mann sprach kurz mit der jungen Frau und rannte dann los, übers Feld, wobei er in seiner Bauernsprache laute Alarmrufe ausstieß. Die Frau raffte ihre Röcke, rannte in eine andere Richtung davon und rief: »Ein Geächteter, ein Geächteter!« Das galt mir.
Als dieser Schrei durch die Morgensonne gellte, merkte der Bauer, dass es zu spät war, mir den Preis eines Zuchtbullen für einen Becher Bier abzuknöpfen. Ackerleute kamen von weitem angelaufen.
Ich fegte den Bauern beiseite und schickte ein stummes Stoßgebet zum Himmel. Ich rannte unter Schmerzen, so schnell es ging, durch grünen Gänsedreck zum Haus und trat ein.
Dichter Rauch brannte mir in den Augen, vermengt mit dem stickigen, sauren Geruch langjähriger Häuslichkeit. Ein Halbmond von schwarzem Brot lag auf einem Brett neben einem irdenen Krug. Eine Frau in grob gewebtem Tuch stand vor der Schlafnische eines Säuglings, der rosa im Halbdunkel zappelte. Die Frau hielt eine Mistgabel in den Händen und verteidigte mit schwingenden Röcken ein Zicklein vor mir. Das Zicklein hüpfte auf der Stelle, von einem Strick gehalten.
Die brave Frau blieb an ihrem Platz, die blank gewetzte Holzforke auf mich gerichtet. Sie sah zu, wie ich einen Gutteil des Gerstenbiers in mich hineinkippte und mir ei-

nen anständigen Brocken Brot abriss. Ich kaute und schluckte hastig und legte einen meiner Viertelpennys auf die verrußten Steine der Feuerstelle in der Mitte des Raums.

Der Axtschwinger erwartete mich, aber als er seine Frau von drinnen »Silber!« – *Selfer!* – schreien hörte, stützte er sich auf seine Axt. Er sagte etwas, was ich nicht verstand.

Und dann entschlüsselte ich seinen starken Akzent und die Bedeutung eines jeden Worts wurde mir klar. Ich humpelte davon, vor mir flatternde, trompetende Gänse.

Schnell. Ein Ritter naht.

Ich hinkte durch das taufeuchte Gras auf die Kuppe eines kleinen Hügels und drehte mich um. Ein Streitross der edelsten Sorte stürmte in vollem Galopp direkt auf mich zu. Das Ross warf den Kopf, dass der Geifer flog, die Mähne im Sonnenlicht tanzte und das Zaumzeugmessing klirrte. Ich blieb stehen.

Der Reiter, ein junger Ritter, zerrte und ruckte am Zügel. Das Ross warf sich zur Seite, mit nassem Bauch und von Feuchtigkeit struppigen Flanken. Ich streckte die Hand aus und packte den Zügel, als das Pferd an mir vorbeidonnerte, ganz Hitze und Schweiß, Kopfrucken und Schnauben. Der Reiter war ein junger Mann, den ich noch nie gesehen hatte, sein Gesicht eine Grimasse.

»Brr!«, rief ich. Auf diesen Laut hin rollte das Pferd mit den Augen, legte die Ohren an und begann geradewegs den Hügel hinabzustürmen.

»Brr!«, rief ich noch einmal, jetzt leiser und erstickter, da ich mich am Zügel festklammerte und wie eine Lumpenpuppe durchs Gras schleifte.

Das Tier schlug einen Bogen, drosselte sein Tempo. Die großen Hufe, taufeucht und glitzernd, verlangsamten sich zum Trab, dann zum Schritt, während mein verletztes Bein pochte. Der Reiter hüpfte haltlos im Sattel und zerrte am Zügel und als das Pferd schließlich anhielt, kippte der junge Mann über den Pferdehals ins Gras.

»Du großer Schreck!«, sagte der junge Mann, sobald er wieder etwas hervorbringen konnte. *Grete terrour*, ein Akzent aus dem Westen. »Dieses Pferd erfüllt mich mit Grauen.«

Er trug ein neues Kettenhemd, glänzendes, engmaschiges Eisengewirk. Sein Helm war aus stabilem Ochsenleder und er mühte sich, ihn abzunehmen, schüttelte dann sein blondes Haar und setzte sich auf.

An seiner Seite steckte ein Breitschwert. »Gib mir das Silber«, sagte er, noch immer atemlos.

Ich zögerte. *Steig auf das Pferd*, sagte eine innere Stimme. *Reite, so schnell du kannst. Flieh.*

»Gib mir das Silber, das du Sir Nigel gestohlen hast«, sagte der junge Mann. »Die Männer des Königs sind gleich da und wollen dir die Haut abziehen.«

Ich streckte die Hand aus. »Ich heiße Edmund«, sagte ich, als hätten wir den ganzen Tag Zeit, Höflichkeiten auszutauschen. »Und Ihr–?«

Er ergriff meine Hand mit seinem Lederhandschuh und sagte: »Ich bin Hubert.«

Die schwarzen, berittenen Gestalten sammelten sich am Rand der Wiese, ließen ihre Pferde verschnaufen. Dann ritten sie in gemächlichem Schritt der Sonne entgegen, schwärmten aus und umstellten uns.

Hubert wog den schlaffen Silberbeutel in seiner Hand und ließ sich Zeit, ihn an seinem Gürtel zu befestigen, neben dem Knauf seines Schwerts.

»Einen Guten Morgen«, sagte Alan, der Mann des Schatzmeisters, zu Hubert, ohne mich eines Blickes zu würdigen.

Alan ließ sein Pferd ein paar träge Schritte vorwärts tun, bis sein blasses, verkniffenes Gesicht zwischen mir und der Sonne war und auf mich herabsah. »Sir Nigel sagt, ihr beide seid auf der Jagd«, sagte er. Sein Blick tastete demonstrativ den Beutel an Huberts Gürtel ab. »Auf Rehwild.«

»Mit herzlich wenig Erfolg«, sagte Hubert.

Alan gab deutlich zu erkennen, dass er alles wusste, lächelte kühl auf mich herab. »Keine Armbrust«, sagte Alan, »nur ein Pferd und einer von euch lahm. Ich würde sagen, das war kein guter Morgen.«

Alans Pferd schlenkerte das Zaumzeug, schwarzes Leder mit Beschlägen aus poliertem Kupfer.

»Dein Herr«, sagte Alan, »würde es uns in den nächsten Wochen zu danken wissen, wenn wir diesem nächtlichen Herumtreiber hier die Hand abschlügen und ihn an Ort und Stelle verbluten ließen.«

»Das mag wohl sein, Herr« sagte Hubert. »Aber Sir Nigel ist der Meinung, dass wir beide unter seinem Schutz stehen, und würde den geringsten Harm, der einem seiner Männer geschieht, als einen Angriff auf seine eigene Person betrachten.«

Alan lachte und zählte mit den Augen demonstrativ zuerst uns, dann das Dutzend seiner Männer.

Hufschlag nahte. Ein schweres, hohes Ross schleuderte Schlammfontänen. Eine Gestalt in Leder und Eisen ritt heran. An ihrer Seite hing ein Kampfhelm, geformt wie ein gedrungener Eimer, mit Sehschlitzen und einer Halterung für den Helmbusch. Der verkehrt herum hängende Helm schwang träge hin und her, ohne Helmzier, an der einen Seite eine große Delle.

Der Neuankömmling war ebenfalls jemand, den ich noch nie gesehen hatte, ein bärtiger Mann, rußig von Herdfeuerrauch, ein eigentümliches Hohngrinsen im Gesicht. Außer dem Kampfhelm hatte er eine Jagdlanze bei sich – nicht so lang und schwer wie eine Turnierlanze, aber tauglich, um einen wilden Eber oder einen Bären zu durchbohren. Oder auch einen gepanzerten Streiter.

Dieser Fremde ritt heran, sagte nichts, ließ sein Pferd grasen, während er uns musterte, mit blitzenden Zähnen, die Lanze senkrecht im Sonnenlicht. Sein Ross hob den Schweif und düngte den Erdboden mit glänzenden, dampfenden Pferdeäpfeln.

Alan richtete sich gerader auf und seine Männer zogen sich dicht zusammen.

»Spart Euch Euren Stahl für die Heiden auf«, sagte Alan mit einem gezwungenen Lachen. »Alle miteinander. Ihr werdet ihn nötig haben – wenn ihr Seite an Seite mit diesem Fälscherslehrling kämpft.«

7. Kapitel

Der Wind blies kalt, jagte die Schatten weißer Wolken über Wald und Feld. Kühe kehrten ihm die Hinterteile zu. Mir trieb der Wind Tränen in die Augen.

Der Ritt war nicht lang genug – ich hätte die Rückkehr gern noch viele Stunden hinausgezögert. Hinter Hubert auf dem Pferd sitzend, spürte ich die zähe Kraft seiner kleinen Gestalt. Das Pferd ruckte am Zügel und tänzelte, reckte den Kopf herum, um uns zu beäugen, wobei das Weiße seines Auges sichtbar war.

Hubert mühte sich ab, schalt das Pferd in ruhigem Ton, was es allerdings nur veranlasste, mit der Hinterhand auszukeilen, sodass ich mich an Hubert festklammern musste, um nicht hinunterzufallen. »Drei Tage reite ich Winter Star jetzt«, sagte Hubert. »Schau, wie er den Kopf dreht und mich zu beißen versucht!«

Es stimmte, dass Winter Star sein Maul herumzumanövrieren versuchte und die gelben Zähne entblößte. Aber was ich mehr fürchtete als das Streitross, war der Blick des Ritters, der jetzt mit uns ritt – der bärtige Mann mit dem narbenentstellten Mund.

»Wer ist das?«, fragte ich leise, direkt in Huberts Ohr.

»Das ist Rannulf«, sagte Hubert.

Diesen Namen kannte ich.

Als wir im Hof des Anwesens angelangt waren, sah Wenstan zu, wie Hubert Winter Star versorgte. Rannulf blieb im Sattel und schaute ebenfalls ein Weilchen zu und als ich wieder hinguckte, hatte er sich in Luft aufgelöst.
Als Rannulf verschwunden war, pfiff Wenstan leise ein Lied vor sich hin, eine hübsche Ballade, von einem Mann, der sich in eine Frau verliebte, die er nie sah, weil sie hinter einer hohen Mauer lebte. Beim Singen stotterte er nicht.
Unter Huberts Striegelstrichen wurde Winter Star ruhig. Ich versuchte, meine Frage beiläufig klingen zu lassen. »Ich dachte, Christenmenschen dürften nicht mit jemandem wie Rannulf sprechen.«
Hubert sprang zurück, als das Pferd den Kopf herumschwang, um uns beide zu beäugen. Der Hof hallte vom Klirren eines Kettenhemds unter dem Hammer eines Flickschmieds und Rauch von einer Esse wehte über den Hof. »Niemand spricht mit ihm. Und Wenstan sagt, wir sollen auch nicht *über* ihn sprechen«, sagte Hubert.
»Er hat doch bei dem berühmten Turnier von Josselin fünf Männer getötet?«, fragte ich hartnäckig weiter. Turniere waren von der Kirche verboten worden. Pater Joseph, hatte erklärt, solche Schaukämpfe seien Gotteslästerung.
»Wenstan sagt, dort ließen sechs Ritter ihr Leben«, sagte Hubert. »Ein Kampfspiel, das zur Schlacht wurde. Rannulf wurde von den Priestern auferlegt, das Kreuz zu nehmen, aber er hat sich noch nicht entschlossen. Wenstan sagt, seine Seele kümmert ihn nicht.«
Sich nicht um die eigene Seele zu kümmern war so, wie sich nicht um die eigene Mutter zu kümmern – unvorstellbar, dass ein Mann so hartherzig sein konnte. Aber

einige Ritter standen in dem Ruf, Frauen halb tot zu prügeln, Betrunkene zu erstechen, blinde Bettler niederzureiten, und alles nur, um ihre überschüssigen Kräfte zu verausgaben. Mein Meister Otto hatte gesagt, dafür seien die Kreuzzüge nötig, nicht nur um Jerusalem von Saladins Heerscharen zu befreien, sondern auch um die kampfdurstigen Männer weit vom heimischen Marktplatz zu entfernen.

»Sir Nigel lässt ihn unter unserem Dach – « Hubert verstummte, weil Wenstan kam. Er sang noch immer leise vor sich hin.

Wenstan umwickelte meinen Fuß mit gelbem Leinen, bandagierte ihn über Kreuz, damit ich ohne Schwierigkeiten stehen und gehen konnte, aber ich wollte die ganze Zeit nur weiter nach diesem Ritter fragen, der sich der Macht der Kirche widersetzte. Das Schwert, das Wenstan aus einem Nebenraum holte, war lang und blind, der Griff mit gebeizter Kuhhaut umkleidet. Er streckte mir den Knauf hin und ich zögerte.Wenstan nickte ungeduldig.Dennoch rührte sich meine Hand nicht.

»Wenn du wie ein Knappe aussiehst«, sagte Wenstan unter Mühen, »wenn du kampftüchtig aussiehst, gewinnst du vielleicht das Herz unseres Herrn Nigel.«

Ich hatte noch nie ein Schwert gehalten und war überrascht, wie gut es in meiner Hand lag. Aber als ich einen Hieb durch die Luft führte, spürte ich das ungewohnte Gewicht, das mich aus der Balance warf. Wenstan lächelte mich kopfschüttelnd an. Eines Tages, schwor ich mir, werde ich mit dem Schwert einem Ungläubigen vor Jerusalem die Klinge aus der Hand schlagen, ihm die Hand abhacken, den Arm, den Kopf. Und Nigel und Rannulf und alle werden verblüfft zugucken.

Winter Star wurde stoisch unter meiner Berührung, als ich ihm Harz auf eine Schramme am Knie tupfte, die er sich laut Hubert beim wilden Galopp durch den Wald zugezogen hatte. »Das Pferd hat gehofft, ich würde mir den Schädel an einem Ast einschlagen. Was ich auch beinahe getan habe.« Er ließ mich eine taubeneigroße Beule auf seinem Kopf befühlen.

Ich saß an einem Schleifrad, trat selbst das Pedal und schliff Funken von meinem altersgrauen Schwert. Das Gesinde akzeptierte meine Anwesenheit, denn ich nahm mir Zeit, froh, dass meine Hände beschäftigt waren. Ich flickte einen Gurt, der, soweit ich verstand, unter dem Bauch eines Pferdes durchgezogen wurde, um den Sattel an Ort und Stelle zu halten. Ich fertigte eine neue Schließe für das Medaillon eines Freudenweibs.

Die Leute brachten mir Metallarbeiten, ein Elfenbeinkreuz an einer verschlissenen Öse, schlecht geflickte Kessel, die nach der zweiten Benutzung wieder gerissen waren. Das Gesinde – außer Wenstan – sollte zu neuen Herren gehen, sobald Sir Nigel auf den Kreuzzug aufgebrochen war. Nur einige wenige Leute würden bleiben, um das leere Haus zu hüten und zu verhindern, dass es von Bettlern und Geächteten geplündert wurde.

Allen war klar: An einem Kreuzzug teilzunehmen, hieß in den Tod ziehen – nur wenige Kreuzfahrer konnten damit rechnen, wieder heimzukehren. Den ganzen Nachmittag und bis in den Abend lag Traurigkeit in der Luft, aber auch das eifrige Bemühen, alles in Ordnung zu bringen. Es ging die Kunde um, dass da ein Münzerlehrling und Hammerschmied zur Verfügung stand, dem keine Arbeit zu fein war. Ich reparierte errötend die Liebesmedaillons der schamlosen Frauen, hielt meine Hände beschäftigt,

damit meine Gedanken ruhen konnten. Das Tranchiermesser des Kochs musste neu vernietet werden, ein Medaillon der Heiligen Jungfrau brauchte einen Doppelhaken, ein einfaches Mittel, es an einer Halskette zu befestigen, und haltbar, wenn gut geschmiedet.
Gegen Abend, als es schon fast zu dunkel war, um den Eimerhenkel in meiner Hand zu flicken, steckte Hubert den Kopf in die Schmiede und sagte: »Sir Nigel schickt nach dir.«

8. Kapitel

Nigel saß an seinem Tisch und schälte einen Apfel.
Vor ihm lag ein Schriftstück, Walnusstinte auf Pergament. »Diese Frucht sollte schon seit Monaten Most sein«, sagte Nigel und reichte mir eine Hälfte des nunmehr ganz geschälten Apfels.
Ich setzte mich hin und nahm einen Bissen von dem mehligen Fruchtfleisch.
»Alan de Roche, der Mann des Schatzmeisters, hat seine Meinung geändert«, sagte Nigel und deutete mit einer Kopfbewegung auf das pergamentne Schriftstück. »Alan vermutet offenbar, dass irgendwo im Haus deines Meisters Otto noch ein verborgener Silberschatz lagert. Aber so emsig sie auch graben und stochern, kann Alan doch nur über die List deines Meisters staunen. Wenn Rannulf dich heute Morgen nicht gefunden hätte, lägst du jetzt wieder in Ketten und man würde deine Geschlechtsteile mit glühenden Kohlen traktieren.«
»Ein Glück, dass Sir Rannulf mich entdeckt hat«, sagte ich.
»Glück?« Er pickte sich heikel ein Stückchen Apfelschale von der Zunge. »Vielleicht. Aber Zufall war es nicht.«
»Dann bin ich Euch ewigen Dank schuldig«, sagte ich mit zittriger Stimme.

Das Feuer spuckte und zischte im Kamin.
»Das bist du allerdings. Das Gesetz ist ein vertracktes Ding. Du bist jetzt mein, mit Haut und Haar. Wenn ich dich will.«
»Ich bin euer Diener«, sagte ich.
Er lachte. »Sei dir nicht so sicher, dass du Hubert im Zweikampf bezwingen könntest«, sagte er. »Kleine Geschöpfe können sehr stark sein.«
»Wie eine Spinne, Herr«, sagte ich.
»Oder ein Beutelschneider«, sagte Sir Nigel.
Die Nacht war kalt, selbst hier im Saal.
»Siehst du, was da fehlt? Schau dir dieses Schriftstück an, Edmund, und sag mir, was da nicht drauf ist.«
Wie ist doch die Schrift von Willen durchdrungen! Wie unbeirrt eilt sie über die Seite, um dann genauso entschieden von vorn zu beginnen, vor gebieterischer Macht starrend.
»Selbst eine Katze könnte sehen, was da fehlt, Herr«, hörte ich mich sagen. »Der Brief trägt kein Siegel.«
Nigel lächelte. »Es ist ein Haftbefehl ohne königliches Siegel. Der König ist in Italien oder auf Kreta oder schon im Heiligen Land selbst, vor der Stadt Akkon, wenn es der Himmel will. Alan bildet sich ein, dich auf seinen Folterstuhl schleppen zu können, damit du ihm sagst, was er wissen will.«
»Ihr behaltet mich, dem Mann des Schatzmeisters zum Trotz?«, fragte ich hoffnungsvoll. »Und Hubert auch?«, fragte ich, nicht minder hoffnungsvoll. »Könnt Ihr denn zwei Knappen brauchen?«
»Beim Blute des Herrn«, sagte Nigel, fast wie ein fröhliches Gebet. Jeder Christenmensch wurde verwarnt, nicht Jesu Gliedmaßen, Gesicht oder Körpersäfte im Mund zu

führen. Und doch fragte ich mich, wer wohl mehr über die Striemen und Speerwunden des Herrn wissen konnte als ein kampferprobter Ritter.
»Ich mag dich, Edmund, weil du lebhafte Augen, ein angenehmes Äußeres und einen starken Arm hast.« Er lächelte. »Und außerdem kann man von allem zwei Stück gebrauchen«, sagte Nigel.

In dieser Nacht schlief das Haus nicht. Dutzende von Kerzen brannten und der Duft von Bienenwachs hing in der Luft. Gurtzeug wurde mit Gerberfett eingerieben, manche Speerspitze glänzend zugefeilt. Wenstan erteilte Befehle und diensteifrige Schatten huschten über den strohbedeckten Boden. Sir Nigel saß in einer Ecke, las und besprach sich mit einem Rechtskundigen, um seine Anweisungen niederzulegen und vor allem ein Testament aufzusetzen.
»Sollten wir beide nicht auch unser Testament machen?«, fragte mich Hubert.
»Ich besitze nichts«, sagte ich. Außer meinen Knochen und meinem Blut, verkniff ich mir zu sagen.
Hubert hatte Mühe, seine ganzen Besitztümer in seinem Reisebündel zu verstauen, und ich half ihm. »Das hier ist ein Rautenzweig aus dem Garten meiner Mutter«, sagte er. »Ich habe versprochen, es nahe der Heiligen Stadt zu vergraben. Und das da ist ein Anhänger, den mir mein Vater gegeben hat, in der Form des Heiligen Kreuzes. Siehst du das kleine Glasfensterchen – ich soll einen Stein aus der Heiligen Stadt da hineintun und mit zurückbringen.«

Ich ging im Dunkeln durch das Hoftor und zum Misthaufen, wo sich Hunde knurrend und schnappend um Essensknochen stritten. Ich entleerte einen Unrateimer mit Urin und Kot auf den dampfenden Dung.

Von weitem wirkte das Haus streng, mit dem flachen Dach und dem Feuerschein in den schmalen Fensterscharten. Und in dieser Nacht war die Gegend noch unwirtlicher, nur einige wenige Sterne am Himmel, hinter einem Wolkenschleier. Ein Nordwind, dachte ich, der noch mehr Regen verhieß.

Ich sah mich um, weil ich spürte, dass ich beobachtet wurde. Aber da war niemand, nur die huschenden Mäuse und die mächtigen Eichen, die ihre Äste in den Nachthimmel reckten.

Ich wünschte mir plötzlich, dass meine Eltern mich so sehen könnten, unter Kreuzfahrern. Oder dass Elviva mich sehen könnte.

Aber es stimmte doch – ich hörte einen Schritt. Und noch einen, ganz nahe.

Ich fuhr herum, und Rannulf packte mich am Arm. Erschrocken ließ ich den Eimer fallen.

»Ich schulde Euch Dank, Herr«, sagte ich, als ich wieder sprechen konnte.

Die meisten Ritter rasierten sich den Bart ab und hielten ihr Haar geschoren. Rannulf hatte einen kurzen, dunklen Bart und wirres Haar. Es war zu dunkel, als dass ich die Farbe seiner Augen hätte erkennen können, aber sie fingen das wenige Licht ein und reflektierten es.

Er drückte mir einen schweren Gegenstand in die Hand. Ich befühlte das kalte Eisen des Helms.

Einen Schmiedehammer in der einen Hand und ein Werkzeug in der anderen, machte ich mich mit aller Kraft an eine hartnäckige Beule. Eine kleine Zuschauerschar sammelte sich, als sich die Kunde verbreitete, dass ich, obwohl es schon fast Mitternacht war, Sir Rannulfs Helm wieder in Form zu bringen suchte.

Rannulfs Augen waren perlgrau und er stand mit verschränkten Armen an die Werkbank gelehnt und beobachtete mich. Es gab nur wenige alte Schwertkämpfer, die nicht eine verheilte Kerbe oder einen fehlenden Finger auf der Schildseite des Körpers hatten. Die Narbe über Rannulfs Mund verlieh ihm ständig einen höhnischen Ausdruck, aber sein Blick war nicht unfreundlich.

Das Eisen war feuergehärtet und beim Arbeiten erkannte ich die Vergeblichkeit meines Bemühens. Der Schlag, der diesen stabilen Helm eingedrückt hatte, war ein meisterlicher Hieb gewesen, mit einer Streitaxt oder einem Kampfkolben. Wie sollte ich, der ich noch nicht mal ein Kriegerlehrling war, der Wucht eines solchen Hiebs eine vergleichbare Kraft entgegensetzen?

Rannulf sah mir wortlos zu. Beim Hämmern rann mir Schweiß in die Augen. Meine Hände wurden taub. Und mit jedem Schlag wurden auch meine Ohren tauber, ich hörte nur noch das Klingen des Hammers auf der Pinne, einem langen Stahlmeißel mit einem runden Kopf statt einer Schneidekante. So sehr ich mich auch abmühte, erreichte ich doch nichts.

Dem hier bist du nicht gewachsen, Fassbinderssohn, sagte eine bittere Stimme in meinem Herzen.

Rannulf sah mich an. Er sagte nichts, aber sein Blick huschte von mir zum Helm und wieder zurück.

Ich konnte nicht glauben, was ich hörte, als er schließlich sprach, leise, ruhig und deutlich, trotz der Narbe entlang seiner Lippe.

Er sagte: »Gott gebe dir Kraft.«
Mit Gottes Kraft. Das war eine Formulierung, die Pater Joseph benutzt hatte, um meinem Vater im Antlitz des Todes Mut zuzusprechen. Vielleicht, dachte ich, ist Rannulf ja doch nicht so ein gottloser Mensch.
Mein Werkzeug sprühte Funken. Mein Hammer fand seinen Rhythmus, trieb die Delle aus dem Helm, bis er wieder glatt und unversehrt war.

9. Kapitel

Früh am nächsten Morgen ritten wir, nachdem wir alle eine hektische, schlaflose Nacht verbracht hatten, in die Stadt, um vor einem Priester unsere Sünden zu beichten. Danach versammelten sich vor der Kirche viele unserer Nachbarn. Maud, die Frau – Witwe – meines Meisters, schloss mich in die Arme, eine lange Umarmung, die mir schier den Atem nahm.

»Mach dir keine Sorgen um mich, Edmund«, sagte sie. »Ich werde, mit Gottes Beistand, bei meinem Bruder und seiner Frau wohnen.«

Jede Woche packte Maud einen Korb voll mit Brotlaiben und Käse und brachte ihn ins Siechenhaus, wo die Armen und Kranken Zuflucht fanden. Sie hatte mir einmal erklärt, einem Hilflosen zu helfen, sei, wie Christus selbst zu helfen. Sie war zwar immer rasch mit ihrer Meinung bei der Hand, sah aber auch die ganze Welt im munteren Licht ihres eigenen Gemüts. Ich konnte ihr in diesem Augenblick nicht in die Augen schauen, hoffte nur, dass sie mich nicht für einen großen Sünder hielt.

»Du warst Ottos rechte Hand«, sagte sie. »Aber eine Hand muss ihrem Herrn gehorchen.«

»Mögen die Heiligen Euch schützen«, sagte ich, Tränen in der Stimme.

Im Jubel der Menge konnte ich nicht verstehen, was Maud sagte, als ich mich nervös in den Sattel hievte. Und dann sah ich Elviva.

Wie kommt es, dass manche Frauen noch der kleinsten Geste Schönheit verleihen können? Selbst beim Abschiedswinken war Elviva anmutig, eine Hand am Hals, um das Tuch gegen die Kälte zu raffen. Wir hatten uns manchmal vormittags auf dem Markt getroffen, waren in die Sonne drüben beim Kirchhof spaziert und hatten uns gegenseitig unsere Hoffnungen anvertraut. Sie hatte mir einmal erzählt, sie bete zur Heiligen Jungfrau, dass die ihr einen Ehemann mit einem starken Arm und einem leidenschaftlichen Herzen schicken möge. Ich hatte gesagt, das träfe sich mit meinen Gebeten.

Als ich mich hinabbeugte, um ihre Hand zu fassen, legte das Streitross eine erstaunliche Geduld an den Tag. Es schlenkerte zwar das Zaumzeug und warf den Kopf, blieb aber ruhig stehen, während ich nach Worten suchte. Elvivas Vater, der Wollhändler, und ihre Mutter, eine dünne Frau mit einem lieben Lächeln, sahen zu, ohne zu ahnen, was Elviva und ich füreinander empfanden. Vielleicht würde ich ja als heimkehrender Kreuzfahrer – im unwahrscheinlichen Fall, dass ich am Leben blieb – in den Augen eines Kaufmanns etwas Besseres darstellen.

Winter Star sah die anderen davonreiten und trabte, die Mähne werfend, hinterher. Elviva lief neben mir her, während ich vergeblich versuchte, das Pferd zu zügeln. Ich hatte ein bisschen Angst vor dem edlen Ross, so als ritte ich auf einem Löwen, aber ich empfand ihm gegenüber auch eine gewisse Dankbarkeit. Nur in meinen Träumen hatte ich je auf einem solchen Pferd gesessen.

Schließlich ließen Winter Star und ich Elviva zurück.

Wir waren »ein rechter Haufe trefflicher Männer«, wie Nigel es ausdrückte. Ein wühlendes Schwein aus einem der benachbarten Häuser flitzte ungeachtet seiner Leibesfülle mitten durchs Gedränge. Männer und Frauen wünschten uns gute Reise, während wir hufeklappernd durch die gepflasterten Straßen und dann durchs Stadttor hinauszogen.
Hubert saß auf einem neuen schwarzen Pferd namens Shadow, einem Tier mit weichem Maul und ruhigem Blick. Er trug ein Banner an einer Stange, glänzend neue, dunkelblaue Seide, die rauschte und knatterte, als wir dahinritten.
Zu meiner Überraschung akzeptierte Winter Star weiterhin das künstliche Selbstvertrauen in meiner Stimme und zeigte kaum etwas von den Launen des Vortags. Doch auch jetzt noch schnaubte und ruckte das Pferd mehr, als mir lieb war, und ich sah, wie Sir Nigel lächelte und Wenstan viel sagend anblickte.
Da lief eine Wette, erriet ich. Wie weit würden wir kommen, ehe Winter Star bockte und mich in den Dreck katapultierte?
Hinter uns ritt Rannulf. Seine Zähne blitzten durch die Narbe. Neben Rannulf ritt ein Mann, den ich vor diesem Morgen noch nie gesehen hatte – Miles, ein rundlicher Schildknappe, älter als man sich den Gehilfen eines Ritters gewöhnlich vorstellt, mit einer Spur Weiß im roten Haar.
Miles war immer am Singen, Pfeifen, Summen. Wenstan und Miles trugen die Kampfausrüstung ihrer Herren, Helm, Schild und Kampflanze. Rannulf und Nigel prangten in meerblauen Überkleidern mit einem strahlend weißen Kreuzritterstern.

Selbst von den Männern des Schatzmeisters lächelten einige, als wir an ihnen vorbeizogen, und ich war noch nie so stolz und froh gewesen wie an diesem Morgen. Als wir die Stadt verließen und an Sir Nigels Wohnstatt vorbeiritten, war ich mehr als glücklich – ich fühlte mich durch und durch geläutert, gereinigt von jedem finsteren Gedanken und jeder Missetat. Ackerleute erhoben sich von ihrem Tun und grüßten uns, wobei sich ihre Stimmen in der Morgenluft verloren. Sir Nigel hob eine behandschuhte Hand und Hubert tat desgleichen.
Also tat ich es ebenfalls.

Die Stadthunde folgten uns hinaus in die Felder und Fluren, eine Hand voll jappender, kläffender Tiere. Als sich der Ritt immer länger hinzog, in den Vormittag hinein, liefen sie stumm und mit hängender Zunge neben uns her. Dieser Anblick spornte mich an und betrübte mich zugleich und ich hatte Mitleid mit den Hunden, die damit rechneten, dass es auf Falkenjagd ging oder wenigstens in die Wiesen, um Kaninchen aus ihrem Bau zu treiben.
Hund um Hund blieb zurück und sah uns bedauernd nach, nur ein kleiner Hetzhund, den ich bei den Küchenabfällen gesehen hatte, hielt noch mit uns Schritt. Er setzte sich an Winter Stars Seite und der Hengst scheute.
»Ruhig«, sagte ich und das Pferd schlenkerte das Zaumzeug, trabte aber weiter.
Der Hund war zu klein, um ein Herrenhaus zu bewachen, zu groß für die Mäusejagd. Wer war ich, dem Tier zu sagen, dass es einen Fehler machte? Vielleicht hatten Tiere ja auch ihre Kreuzzüge und ihren Himmel.
Kurz nach Mittag begann es zu regnen. Ritter und Gefolgsleute zogen dicke wollene Mäntel mit großen Kapu-

zen über und der Regen hing in Perlen auf der Wolle. Winter Star trabte platschend durch die Pfützen, die sich bald auf der Straße bildeten, oder vollführte Bocksprünge. Die Straße war alles andere als leer; Kaufleute und ihre gedungenen Wachmannschaften eilten mit eingezogenen Köpfen zu Fuß durch den Regen, Fuhrleute fluchten auf ihre Ochsen ein, fahrende Sänger und Quacksalber trotteten gemeinsam dahin.
Ich fiel nicht vom Pferd. Aber es kostete mich alle Konzentration, wenn das Tier sich aufblies und nieste, Luftsprünge machte und auskeilte. Am Ende des Vormittags war ich erschöpft. Der Regen legte sich gerade rechtzeitig für ein Nachmittagsmahl, die Hauptmahlzeit für einen Mann von Nigels Stand. Nigel dankte dem Herrn in all unserer Unwürdigkeit für die Speise und wir aßen Proviantbrot, braune, feuchte Scheiben, und trockenen Käse aus Stutenmilch.
Es erstaunte mich ein bisschen, dass wir, nur wenige Stunden von zu Haus, in Ernährung und Benehmen bereits so militärisch waren. Selbst Hubert nahm von Wenstan einen Becher Wein mit einer Kopfbewegung entgegen, die er wohl für ein mannhaftes Nicken hielt. Der Hund fraß mir ein Stück Käse aus der Hand und Hubert gab ihm einen ordentlichen Batzen Pökelfleisch.

Als wir weiter südwärts zogen, etwa eine Stunde vor Sonnenuntergang, brachen plötzlich zwei große braune Mastiffs aus dem Dornengestrüpp am Straßenrand und packten unseren hündischen Gefährten an Flanke und Gurgel. Im Nu war unser Hund entzweigerissen, Blut flog und schlingend und knurrend fetzten die beiden Ungeheuer die Überreste kurz und klein.

Nigel riss das Breitschwert aus der Scheide, beugte sich aus dem Sattel und hieb dem einen Mastiff den Kopf ab. Rannulf nahm seine Lanze von Miles entgegen, legte sie ein, straffte die Schultern und ritt auf den zweiten Mörderhund los. Die Lanze durchbohrte den Schenkel der Bestie und Rannulf lupfte den zappelnden Hund empor, schüttelte ihn dann von der Lanze.
Ackerleute kamen unter lautem Geschrei herbeigelaufen, mit Äxten und Stöcken bewehrt, doch als sie den Kreuzritterstern und Rannulfs Lanze sahen, verstummten sie.

Nigel ritt mit Wenstan weiter, ohne auch nur einen Blick zurückzuwerfen. Der Ritter schwatzte darüber, wessen Jungfräulichkeit auf welchem Heuboden verloren gegangen war. Er erklärte, an dieser Eiche da vorn habe man einen Wilddieb aufgehängt, weil er ein Stück fertig zubereitetes Wildbret gestohlen hatte. Oder vielleicht nicht an dieser Eiche, aber an einer ähnlichen, etwa eine Meile hinter uns.
Ich drosselte Winter Stars Schritt, damit ich hören konnte, was Rannulf und sein Knappe redeten. Zu meiner Freude gehorchte mir das Pferd sofort.
»Eine Sache der Balance, Herr«, hörte ich Miles sagen. Er sprach es *Balaunce* aus. »Obwohl es bei einem Mann natürlich nur darum geht, ihn aus dem Sattel zu heben. Ein Gegner am Boden ist ein toter Gegner.«
Endlich sprach auch Rannulf. »Trotzdem schade, dass die Spitze so weit vom Herzen saß.«

Vor dem Einschlafen flüsterte Hubert: »Hast du gesehen, wie zornig Rannulf wurde, als er diese Ungeheuer über unseren Hund herfallen sah?«

Ich erwog Frage und Antwort. »Er hat mit gebührender Eile gehandelt«, sagte ich.
»Ebenso würde er uns zur Hilfe kommen, dir oder mir, wenn wir angegriffen würden.«
Ich sagte, das stimme zweifellos. Aber insgeheim war ich mir nicht so sicher. Ich konnte mir ohne weiteres vorstellen, wie einer von uns von Bären gefressen wurde und Rannulf interessiert zusah, nur um herauszubekommen, wie diese Bestien ihre Klauen benutzten.
Als ich die Augen schloss, sah ich die Hand meines Meisters, an den Amboss gespießt. Ich sah die entsetzten Augen unseres hündischen Gefährten und das spritzende Blut des geköpften Mastiffs.
Es heißt, Löwen schlafen mit offenen Augen. Trotz meiner Müdigkeit verlieh mir der heilige Markus in dieser Nacht Wachsamkeit und ich lag da und hörte das langsame, stete Atmen meiner Gefährten.

Am nächsten Morgen konnte ich kaum stehen, zerschunden von einem vollen Tag im Sattel, und mein verletzter Fuß schmerzte wieder. Aber ich überspielte mein Un wohlbefinden, auch als Sir Nigel später an diesem Morgen an meine Seite ritt und sagte: »Ich kenne kampferprobte Ritter, die den Tag mit drei Krügen vom stärksten Apfelwein beginnen, um den Reitschmerz zu lindern.«
»Diesen Männern gilt mein Mitgefühl, Herr«, sagte ich.
Sir Nigel lachte. »Ich habe gestern einen flämischen Penny gewettet, dass du vom Pferd fallen würdest. Rannulf hat das Geld gestern Abend eingestrichen.«
Manchmal ritten wir, trotz unserer Bewaffnung, in einer dichten Phalanx, an der Spitze Nigel, der zeitweise aufrecht in den Steigbügeln stand und den Wald absuchte. In

diesen Momenten wagte ich nicht, Hubert anzusehen, aber ich spürte, wie er angespannt neben mir ritt, die Hand am Schwertgriff.

Selbst Ritter wurden manchmal von den Räubern und wilden Männern überfallen, die in den Wäldern lebten.

10. Kapitel

Gastwirt wie Fährmann grüßte uns mit gezwungenem Lächeln und falscher Herzlichkeit.

Kreuzfahrer nahmen es sich oft heraus, in Gasthöfen zu nächtigen oder sich über Flüsse setzen zu lassen, ohne in ihren Beutel zu greifen, denn ihr Unterfangen war heilig und selbst der kräftigste Schankwirt hatte keine Möglichkeit, sein Geld einzutreiben. Aber Nigel zahlte mit Pennys, geviertelt und halbiert nach der Sitte unserer Gegend und immer vom reinsten Silber. Schankmagd und Wirtin schenkten uns allen noch ein Maß Bier ein und ließen die Wachsstöcke brennen, bis auch der letzte von uns zu seinem Lager in der wärmsten Ecke des Gasthauses gewankt war.

Ach, könnt' ich meiner Herrin Jagdhund sein, kein Has' könnt' sich verbergen.

Tag um Tag hörten wir sämtliche Strophen dieses Liedes, wenn Miles sang. Wir zogen südwärts. Regen fiel, die Sonne brach durch, der Wind blies kalt, drehte dann auf West und wehte warm, und das alles manchmal binnen eines Nachmittags. Flüsse waren stellenweise über die Ufer getreten und in einer Stadt, durch die wir kamen, hatte eine Feuersbrunst das armselige Metzgersviertel dem Erdboden gleichgemacht. Männer mit Schürzen

standen verzweifelt herum und in der Luft hing der Geruch von verkohltem Rindfleisch.
Hubert brauchte keine Aufmunterung von meiner Seite, im Gegenteil, er war es, der entzückt zusah, wie eine Schafherde einen Fluss durchquerte, ein riesiger, flauschiger, schwimmender Teppich. Er war derjenige, der dem Fährmann ein Lächeln entlockte, und als er einem Steinmetz einen Guten Morgen wünschte, erklärte uns der breitschultrige, dunkle, mit Sandsteinstaub bepuderte Mann, dass die Grafschaftsbrücke davongeschwemmt, die Furt keine vier Meilen weiter östlich aber so seicht wie eine Pfütze sei.
Als wir uns London näherten, bevölkerte sich die Straße mit Vorratsverwaltern und Weinhändlern. Weinfässer rumpelten über die ausgefahrene Straße und auch Geldfässer, streng bewacht, Fuhrleute wie Pikeniere in der schwarzen Rüstung des Schatzmeisters. Ochsen und Karrengäule mühten sich Schulter an Schulter und Räder schleuderten Schlammbögen, wenn die Fuhrleute auf die geplagten Tiere einpeitschten.
Manchmal begegneten wir einer Edelfrau, die, inmitten ihres Geleits, im Damensattel saß, während ihr sanftmütiges Pferd sich vorsichtig einen Weg durch die Schlammmassen suchte, aber ganz überwiegend war das hier eine Männerwelt, voller Gestalten, die mit dunklem Schlamm und Kreidebrei, grauem Lehm und schwarzer Deckerde verklebt waren. Gottes Universum erlitt eine zweite Sintflut und verwandelte sich in Morast.
»Noch mehr Dreck«, sagte Hubert nur, wenn wir mühsam auf einer Hügelkuppe angelangt waren und auf die regenbraunen Fluren vor uns schauten. Priester und Milchmädchen erklommen schlammglitschige Zaun-

tritte, zögerten und stiegen wieder herab in den Morast, stapften weiter durch die grundlose, nasse Welt.
In meinem Herzen war ich kribblig vor Aufregung, denn jedes Spatzenpiepsen war für mich ein Abenteuer. Ich war weit weg von dem, was ich kannte, so weit, dass ich schon in der Fremde war, obwohl wir uns immer noch in England befanden. Ich gab mich wie ein kriegserfahrener, weltkundiger Reisender, aber innerlich brannte ich vor Neugier.
Das morgendliche Erwachen war jetzt für mich nicht mehr so schmerzhaft und in den Sattel zu steigen tat von Mal zu Mal weniger weh. Nach ein paar Tagen hatte ich Mühe, mir ein Feld vorzustellen, das nicht so regengetränkt war, dass es den Himmel spiegelte – trockene Erde war eine ferne Erinnerung. Aber das war nur ein weiteres Zeichen dafür, dass ich einem großen Abenteuer entgegenzog. Meine Kleider waren so feucht, dass sie mir die Haut wund scheuerten, aber das machte mir nichts aus. Ein paarmal trank ich morgens ausgiebig von Nigels Wein, und als wir schließlich den Strohdächern und Holzbauten Londons entgegentrabten, waren Ritter und Gefolgsmann unter uns wegen der dicken Dreckschicht nicht mehr zu unterscheiden.

Die erste *carta mundi*, die ich je gesehen hatte, lag ausgerollt auf dem Zähltisch meines Meisters Otto. Ein Beamter des Königs brüstete sich einer ganz besonderen Erwerbung, einer Weltkarte, so rar wie Feenhaar. Auf dieser Karte war London ein Wald von Spitztürmen und Fahnen, auf einem Hügel, erhaben über ganz England, das sich ringsherum erstreckte, in einer gezackten, aber hübschen Form, wie ein Kuchen. London war der Mittelpunkt des Königreichs England und alles, was jenseits der Kuchenkruste lag, war der Fantasie des Kartenzeichners entsprungen, ein Schiff wie ein Käfer und, ein Stück weiter auf der einen Seite, ein Seeungeheuer mit dem Kopf einer Henne.

Daher war das richtige, echte London zuerst ein bisschen enttäuschend.

Von weitem wirkte die große Hauptstadt, dort in der Morgensonne, wie jede Stadt, die über ihre Mauern hinausgewachsen war. Ein Schmelzer oder Alchemist schmolz irgendein leichtes Metall – Zinn, dem Geruch nach, dachte ich, und ein Gehilfe trottete im Kreis herum und zertrat die kreidige Erde seines Meisters zu einem Pulver, das im Ofen zu Mörtel gebrannt werden konnte. Ein Radmacher rollte vor uns eines seiner Erzeugnisse spritzend durch den Rinnstein in der Mitte der Straße, aber erst als wir in die Stadt hineinkamen und immer weiter in sie vordrangen, im Schatten der hohen, strohgedeckten Dächer, konnte ich glauben, dass ich endlich wirklich in London war.

»Eine mächtige Stadt!«, hauchte Hubert.

Voller Menschen, die eine Sprache sprachen, die ich kaum verstand, und Hüte trugen, wie ich sie noch nie gesehen hatte, groß und weich, in satten Farben, Rübenschwarz, Karottengold. Eine große Stadt, voller Lärm und Gerüche. Säuglinge schrien und Freudenweiber sangen. Der Geruch von Unrat und Weihrauch würzte jeden Atemzug. Und wir alle verstummten, als wir den einhundert Jahre alten Tower des Eroberers sahen, dessen Mörtel, der Legende zufolge, Bärenblut beigemengt war.

Tatsächlich schämte ich mich ein bisschen für mein verdrecktes Äußeres. Die breiten Straßen wimmelten von

Untertanen des Königs, die an Marktständen um Esswaren feilschten. Geflügel aller Art, Junghühner, Kapaune, Erpel und Wasserrallen hingen da, gerupft und gebraten. In den Straßen am Fluss drängten wir uns zwischen Schänken durch Scharen von Freigelassenen und Bettlern; jenseits der Dächer hörten wir die Rufe des Fährmanns.

Nigel blieb im Sattel sitzen, damit alle sahen, dass er ein Ritter war, und uns ungehindert passieren ließen, wenn auch Hubert ab und zu rief: »Wir sind Kreuzfahrer, lasst uns durch!«

Was auf diesen Straßen fehlte, dachte ich, war die selbstverständliche Anwesenheit von waffentragenden Männern, Rittern und ihren Knappen, Edelleuten und ihrem Gefolge. Jeder Mann von echtem Schrot und Korn war auf dem Kreuzzug, bis auf einige wenige wie uns, die sich beeilten, zum Kreuzfahrerheer zu stoßen. Und von den Männern, die noch da waren, musterten uns einige aus dem Schatten der Schänkendächer, ohne Freundlichkeit und ohne Scham, auf ihre Piken und Stecken gestützt.

Mit dem Wirt des Gasthofs, den wir schließlich erreichten, brauchte Nigel nicht lange zu feilschen, und die Waschfrauen, die er dingen wollte, warteten schon auf uns – Glück oder Voraussicht.

Ich hatte erwartet, dass Nigel sich erschöpft auf eine Schlafbank werfen würde, aber er brach sofort mit Wenstan wieder auf und hielt mich auf der Treppe fest, um mir zu sagen »Abgehende Flut ist bei Tagesanbruch!«, als sei das eine bedeutsame und gute Nachricht.

Hubert und ich warfen uns schnell trockene Kleider über und eilten hinaus auf die Straße. Ich hatte keine Waffe, nur einen Gürtel um die Taille, aber Hubert trug sein

Schwert, das ihn oft fast ins Stolpern brachte. Wir zwängten uns an Frauen vorbei, die Körbe mit Austern und Fischen jeder Größe trugen. Knaben, nur wenige Jahre jünger als wir, warfen einen Ball und rannten los, um ihn zwischen knarrenden Wagenrädern wieder einzufangen. Jedes menschliche Wesen, das ich zu Gesicht bekam, schien erfüllt von der Erregung, die es bedeutete, in dieser Stadt zu leben, außer jenen hoch gewachsenen, ungerührten Männern, die mit ihren Piken oder Bauernknütteln vor den Schänken gestanden und die vorbeieilenden Frauen beäugt hatten.

Über allen Straßen hing ein Geruch, nicht nach Mensch oder Tier, nicht nach Holzfeuer, sondern ein feuchtes Flussaroma, stark und schwer, wie der Geschmack einer Wellhornschnecke.

Und dann endlich erstreckte sich der Fluss vor uns, übersät mit Gigs und Skiffs, den kleinen Booten, die die Flussfischer benutzen, um Schalentiere zu ernten. Und da waren auch noch andere Wasserfahrzeuge, salzfleckige Schiffe, die sich flussaufwärts bewegten, mit Hilfe von Petschen, langen Holzrudern, die sie aussehen ließen wie langbeinige Wasserinsekten. Wir stiegen das Ufer hinunter und wateten in die Strömung, wobei uns der Flussschlick kitzelnd zwischen den Zehen hindurchquoll.

Auf dem Rückweg zum Gasthaus stand ein Karrengaul mit hängendem Kopf auf der Straße. Ein vierschrötiger, kahlköpfiger Mann schwang einen Knüttel, hieb ihn dem Pferd auf den breiten Rücken. Bei jedem Schlag durchlief ein Zittern den ganzen Körper des Pferds, aber das Tier atmete ein, so lange und so tief, dass sich die Rippen weiteten, und atmete dann duldend wieder aus. Ich hatte in

meinem Leben schon oft solche Prügel mitangesehen und Hubert zweifellos auch.
Aber irgendetwas an der grinsenden Grimasse, die der Kahlkopf vor lauter Konzentration zog, während er das Pferd bearbeitete, ließ Hubert stehen bleiben.
Hubert befahl dem Mann aufzuhören.
Der Kahlkopf hielt inne, aber nur um übertriebenes Nichtverstehen zu mimen. Er äffte Huberts westenglischen Akzent nach.
Ich trat auf den Mann zu und legte ihm sachte die Hand auf die Brust.
»Nimm deinen naseweisen Freund und verschwinde!«, sagte er in einer Wolke von Bier- und Schweißgeruch. Es dauerte einen Moment, bis ich den Sinn seiner Worte begriff.
Um einen Schlusspunkt unter dieses Gespräch zu setzen, hob er den Stock und ließ ihn so heftig auf den Rücken des Pferdes niedersausen, dass es erschauerte und beinahe einknickte. Einige Zuschauer hatten sich versammelt, umstanden uns grinsend und pufften sich mit den Ellbogen, aber die meisten Bürger dieser Stadt hatten ein Ziel, das es zu erreichen galt, und ich versuchte Hubert zurückzuhalten, indem ich scherzhaft sagte: »Der Kerl wird schon bald müde werden.«
»Nimm ihm den Stock weg und zerbrich ihn«, sagte Hubert.
Aber der Mann verstand genug von unserem Englisch, um den Stock auf mich zu richten, eine kurze Finte zu vollführen und mich dann mit Wucht in den Bauch zu stoßen.
Ich schnappte nach Luft, nicht ernsthaft verletzt, aber völlig verdutzt. Ich schaffte es nicht, den Stock zu

packen, da der Fuhrmann zurücktänzelte wie ein Ringer auf dem Jahrmarkt. Er ging in Kampfstellung, den Stock nach Art kämpfender Bauern vor dem Körper.

»Lasst gut sein, lasst gut sein«, sagte ein kleiner, gebeugter Mann. Er hustete, das kurze trockene Bellen eines Walkers, dessen Handwerk es war, Stärke und Salze in das Wolltuch zu kneten. Diese Männer atmeten jahrelang Wollfasern und wurden davon inwendig ganz pelzig.

»Wir haben eben zweihundert Ellen Wolltuch abgeliefert, die nach Flandern gehen«, sagte der Walker. »Und weil wir so froh waren, sie los zu sein, sind wir auf einen Schluck eingekehrt und jetzt beschließt dieses Pferd, launisch zu sein.« Das jedenfalls verstand ich.

»Wir sind Kreuzritterknappen aus Nottingham«, sagte ich möglichst knapp, weil der Kahlkopf den Stock schwang, auf den Zehenspitzen hin- und hertänzelte und Hubert ansah wie der Londoner Meister im Männer-und-Gäuleprügeln, der keine Herausforderung scheute.

Huberts Schwert war ein kurzes Blitzen, genau in dem Moment, als der Stock niedersauste. Ein trocknes, scharfes Knacken, das mir das Herz stocken ließ, und der Fuhrmannsknüttel war entzwei.

Ich dachte, dass Hubert über diesen Streich verblüfft sein würde – einen armdicken Stock einfach durchzuhauen! Aber Hubert brachte mit einer schnellen Bewegung den Fuhrmann zu Fall, setzte ihm einen Fuß auf die Brust und die Spitze des Breitschwerts an die Kehle.

»Tötet ihn nicht!«, rief der Walker. »Er hat eine junge Frau und ein neu geborenes Kind –«

Das war keine gewöhnliche Waffe, dieser Stahl in Huberts Hand. In ihrer ganzen glänzenden Länge und Breite reflektierte die Klinge Dachgiebel und Himmel. Hubert

reagierte nicht auf meine Stimme, bis ich ihn wie ein Possenreißer am Ärmel zupfte und sagte: »Lass ihn dies eine Mal noch am Leben, guter Hubert.«
Ich legte dem Walker den Arm um die Schultern und erklärte, wenn er im Gasthof White Hart vorspreche, werde mein Herr, Sir Nigel, den Stock bezahlen und ihn selbst für die Langmut belohnen, keinen Stadtknecht herbeigerufen zu haben. Der Walker hätte darauf vielleicht eine Antwort gefunden, aber er musste sich vornüberbeugen, die Hände auf den Knien, von Husten geschüttelt.
Ich packte Hubert am Arm. Ich zog ihn, ungeachtet seiner Proteste, den Uferkai entlang, zwischen braunen Taurollen und Weinfässern. Ein, zwei Fässer waren leckgeschlagen oder vielleicht auch absichtlich angebohrt worden, damit ein heimlicher Dieb sich seinen Teil abzapfen konnte. Ratten huschten durch blaurote Pfützen und ein Zollbeamter in einem roten Umhang rief »Weg da, weg da!«, ohne sich von seinem Schemel zu erheben.

Wir fanden den Weg nicht mehr.
Wenn ich breitbeinig über der Abwasserrinne in der Mitte der Straße stand, war ich groß genug, um über die Köpfe und Schultern der dicht gedrängten Londoner hinwegzuschauen. Wir marschierten wortlos dahin, bis wir am Rand eines weiten Felds standen.
Ein Fluraufseher auf einem Pferd mit einem Senkrücken sprach nickend und gestikulierend mit zwei Bauern. Ein Kastanienbaum saß voller Krähen und vor uns war die Straße nur noch ein Fußweg.
Wir machten kehrt und marschierten zielstrebig in die entgegengesetzte Richtung, ohne nach rechts und links zu

schauen, vorbei an einer Schänke voller Freudenweiber, die mehr Stoff um Hüften und Knöchel trugen – schwingende Röcke und Bänder – denn um Brust und Schultern. Wir marschierten immer weiter, bis zu einem flachen, freien Platz, wo Stapel von frischem, rosigem Holz inmitten des Unkrauts lagerten und Bootskiele auf Stützen ruhten. Ein Mann mit bloßem Oberkörper schwang in der warmen Spätnachmittagssonne kunstfertig ein Zimmermannsbeil und weiße, kringelige Späne fielen zu Boden.

»Wir sind ein wenig vom Weg abgekommen, guter Bootsmacher«, sagte ich. »Könntet Ihr uns vielleicht sagen –«

Der Mann schüttelte kurz den Kopf und sagte etwas in einer Sprache, die unverständlicher und kehliger klang als alles, was ich je gehört hatte.

Er lachte über unsere bestürzten Gesichter, nicht unfreundlich, ein Mann, rot und golden von Sonne. »Nicht Englisch«, sagte er, als ob ihn die Vorstellung, wie einer von uns zu sprechen, zutiefst erheiterte. »Norge«, sagte er und tippte sich mit dem Daumen auf die Brust. »Norwegisch. Ha!«

Wir hatten uns gründlich verirrt.

11. Kapitel

Hubert erzählte Sir Nigel haarklein von unseren Erlebnissen, nachdem wir durch viele gewundene Gassen wieder zum Gasthof zurückgefunden hatten.
»Wahrlich ein Segen, dass wir gerade rechtzeitig kamen«, schloss Hubert, »um dem Pferd in seiner Not zu helfen.«
Sir Nigel stellte den Weinbecher ab und schaute hinein, als blickte ihm von dort eine Kröte entgegen.
»Aber jetzt ist alles in Ordnung, Herr«, setzte Hubert hinzu. »Und ich glaube nicht, dass dieses Pferd so bald wieder geprügelt wird.«
Sir Nigel sah Hubert ausdruckslos an, richtete dann den Blick auf mich.
Ich öffnete den Mund, klappte ihn aber sofort wieder zu. Die eichenen Deckenbalken knackten.
»Ich kann dir nicht verdenken, Hubert«, sagte Nigel, »dass du an deinem ersten Nachmittag in London beinahe einen Fuhrknecht abgeschlachtet hättest. Immerhin hattest du ja eine freie Stunde, warum da nicht einen Menschen töten?« Hubert und ich sagten nichts.
»Wir brechen morgen vor Tagesanbruch auf«, sagte Nigel, »und in eurer Abwesenheit hat der Gasthof mehr Gäste aufgenommen, als er unterbringen kann. Aber es gibt da einen prächtigen Ort, wo ihr schlafen könnt.«

Wenstan führte uns hinunter zum Fluss und einen hölzernen Steg entlang. Es war noch früh am Abend und der Geruch von gebratenem Fisch mischte sich mit dem fauligen Gestank einer Gerberei. Wenstan kletterte eine Strickleiter hinauf und sah sich erwartungsvoll um.
Ich zögerte.
Ein Spinnennetz aus Takelwerk schwang sich über uns ins Dunkel empor. Die Strickleiter war knotig und vielfach gespleißt, und ich arbeitete mich mühsam hinauf und an Deck. Selbst in der leichten Dünung des Flusses hob und senkte sich das Schiff unter unseren Füßen. Hubert starrte mit großen Augen auf den Mast und das Takelwerk und ich streckte Halt suchend die Hand aus und ergriff ein Seil, das sich durch das hereinbrechende Dunkel spannte.
Ein Schwall wütender Laute ging auf mich nieder und ich ließ das Seil los. Ein Seemann kam hastig von einem Ausguckposten in den oberen Gefilden des Schiffs herabgestiegen und prüfte das Seil, das ich zu berühren gewagt hatte. Er zog kurz daran, beobachtete die Auswirkungen auf den Mast. Der Seemann schimpfte immer noch, ein Strom von Worten, die für mich fremder klangen als alles, was wir in London gehört hatten.

Hubert und ich kletterten eine kurze Holzstiege hinunter und fanden uns vor einem dunklen Hohlraum, so niedrig, dass nicht einmal ein Hund auf seinen vier Beinen hätte stehen können.
»Großartig!«, sagte Hubert erregt. »Ich wusste, dass Sir Nigel ein nobles Schiff für uns findet!«
Das Schiff stieg auf der Strömung empor, blieb eine ganze Weile oben, so lange, dass man fast hätte vergessen kön-

nen, dass es sich gehoben hatte. Und glitt dann abwärts, immer weiter, hinab in einen haarsträubenden Abgrund. Es trieb vom Steg ab und hielt dann, wenn das Haltetau ganz gespannt war, mit einem Ruck inne. Es schwang zurück und krachte hart gegen den Anlegesteg.

Diese Unruhe konnte nicht lange anhalten, dachte ich, bestimmt war der Fluss nur vorübergehend aufgewühlt. Aber als das Schiff weiter bockte und schwankte, dass das Holz ächzte, überkam mich ein Gefühl, das große Ähnlichkeit mit Angst hatte.

Die Menschen betrachteten Berge und Gebirge als eine gefährliche, finstere Einöde, als das Reich jener uralten Geister, die alles andere als menschlich waren. Das Meer war noch schlimmer. Es war ein Abgrund, ein unermessliches Nichts, dem sich kein Mensch gern stellte, außer denen, die das Pech hatten, Seeleute zu sein.

Mir war kalt und ich verspürte eine beginnende Übelkeit.

Das Schiff erbebte unter mir und hob mich wieder empor.

Auf Schiffen fuhren Menschen in den Tod.

Ich schlief nicht.

12. Kapitel

Unser Schiff schob sich auf den Fluss hinaus, als dünner Nebel auf dem Wasser lag und die Sonne gerade aufging. An den Flussufern drängten sich Abtritte, aus denen sich die Notdurft direkt ins schwappende Wasser ergoss. Dungboote entluden ihre noch dampfende Fracht in die Strömung und der Geruch der menschlichen Ausscheidungen verlor sich im Qualm von Feuern und dem Dampf von Abwassergräben, die in dem Fluss mündeten. Andere Schiffe schaukelten ebenfalls aufs Wasser hinaus und gaben im kalten Frühnebel Hornsignale wie Jäger, wobei sich die blechernen Töne mit dem Zwitschern der Vögel an beiden Ufern vermischten.

Ich sah immer wieder zu Rannulf hinüber, aber der Ritter war unter einem dunklen Kapuzenmantel verborgen. Nur zwei lange Ruder waren nötig, um das Schiff mit der ablaufenden Flut meerwärts zu bewegen, und die Seeleute an den Petschen ruderten mit Feuereifer und unter munteren Rufen.

Die Pferde waren zusammengebunden und mit rohledernen Fußfesseln versehen. Huberts Pferd, Shadow, war so sanftmütig wie eine Jungfrau und auch die anderen, selbst Nigels und Rannulfs kräftige Schlachtrosse, fügten sich mit einer gewissen Ergebenheit in das Leben an

Bord. Nur Winter Star brauchte eine Augenbinde, ehe er aufhörte zu wiehern und mit dem Kopf zu rucken und auch dann war er nur ruhig, wenn ich neben ihm stand und in sanftem Ton auf ihn einredete.
Ich erklärte ihm, dass alles in Ordnung sei und unser Schiff sich in den Händen überaus tüchtiger Seeleute befinde. Ich plapperte immer weiter und solange ich es tat, stand Winter Star so aufrecht da wie eine Pferdestatue, nur dass er ab und zu einen Huf versetzen musste, um das Gleichgewicht zu halten.
Sobald ich von seiner Seite wich und zum Wassereimer schlich, um mir eine Schöpfkelle voll kalten Wassers über den Kopf zu gießen, fing Winter Star an zu schnauben. Schauer liefen unter seiner Haut entlang, vom Zucken seiner Muskeln.
»Bist du wohlauf?«, fragte Sir Nigel.
»Es ging mir nie besser«, antwortete ich, denn Klagen ist das Vaterunser des Teufels. »Wie lange, Herr, bis wir wieder Land sehen?«
»Ich glaube, wir sind immer noch auf dem Fluss, Edmund«, sagte er.
»Gewiss, Herr. Ich meine – wenn wir erst auf dem Meer sind –«
»Es sollen schon Leute einen Monat gebraucht haben, um den Kanal zu überqueren«, sagte er.
Einen Monat!
»Aber mit Gottes Gunst werden wir nicht so lange brauchen«, sagte Sir Nigel lachend.
»Ein Kanal, Herr«, konnte ich nicht umhin zu fragen, »zwischen welchem festen Land und welchem andern?«
Aber er schien mich nicht zu hören. Ich fand, dass er selbst blass aussah, und er nahm nur einen kleinen

Schluck von dem wasserverdünnten kretischen Wein, den Wenstan ihm reichte. Nigel trat zu Rannulf und sie standen beide mit ihren Kapuzen da wie Mönche.
Hubert war überall, hing halb über Bord, um die Gischt fliegen zu sehen, klomm bis zur Mitte des Masts empor, um zu verfolgen, wie eine Möwe immer und immer wieder aufs Wasser herabstieß, und ihr zuzujubeln, als sie schließlich davonflog, einen goldglänzenden Fisch im Schnabel.

Als es richtig hell wurde, hing ich über dem Dollbord und starrte auf meinen eigenen Schatten hinab. Ich erbrach mich mehrfach, so explosiv wie ein Niesen, entleerte das bisschen, das ich im Magen hatte, in unser strudelndes Kielwasser. Und danach brachte ich gar nichts mehr heraus, würgte nur noch, wie ein Hund, der nicht aufhören kann, sinnlos zu bellen.
In meiner Schwäche betete ich, so wie ein Todkranker noch einmal den Himmel zu erweichen versucht. Ich erflehte den Beistand unseres Herrn Jesus Christus, von dem alle Milde und Güte kommt. Ich wünschte, ich hätte einen Rosenkranz mit glänzenden Perlen, konnte aber stattdessen nur die Augen schließen und mein Herz dem Himmel öffnen.
An Bord wird grundsätzlich keine heilige Messe gehalten, damit nicht eine verirrte Woge oder ein fluchender Seemann den Gottesdienst schändet. Aber an diesem Tag hätte ich etwas göttlichen Trost brauchen können. Der Geruch von Frühstückskäse ließ mich erstarren, wühlte in meinen Innereien und verlieh, fürchte ich, meiner Haut die Farbe des Todes.

Die Luft veränderte sich. Das Licht wurde heller, der Dunst nahm die Farbe von Eiweiß an. Niemand rührte sich.
Die Seeleute verstummten. Nigel und Rannulf schauten empor.
Mit einem leisen Donnern entrollte sich ein Segel, zuckte und zappelte wie ein Lebewesen und blähte sich dann im Wind.
Zum Leben erwacht, nahm das Schiff Fahrt auf und die Gischt erfrischte unsere Gesichter. Hubert beugte sich hinaus, so weit er konnte, und der Wind tat sein Bestes, den Nebel zu vertreiben, aber jetzt setzte ein feiner Regen ein und diese eine tief hängende graue Wolke hielt sich gerade so dicht bei uns, dass wir keine Landmarken sehen konnten, als wäre der Himmel ein riesiges Zelt, in dem wir reisten.
Doch irgendwann merkte selbst eine unwissende Landratte wie ich, dass das Schiff im einen Moment himmelwärts stieg und im nächsten in ein tiefes Tal hinabschoss und man brauchte mir nicht zu sagen, dass wir den Fluss hinter uns gelassen hatten.
Wir waren jetzt auf dem Kanal und mein ganzes bisheriges Elend vervielfachte sich. Winter Star ruckte am Haltezügel, versuchte zu steigen, und so sorglos die Seeleute auch waren, hielten sie doch sorgsam Abstand von den Hufen des Hengstes.
Ich kroch wieder auf meinen Platz an Winter Stars Seite und einer der Seeleute reichte mir lächelnd und mit einer Verbeugung einen vierbeinigen Schemel. Der Seemann hielt mir einen langen, gutherzigen und gänzlich unverständlichen Vortrag über das Wesen der See und des Windes.

Rannulf und Nigel standen stumm da, die Gesichter von den dunklen Kapuzen verhangen, aber Wenstan sprach mit dem Steuerer, einem grinsenden, bärtigen Burschen, der ab und zu die Ruderstange aus dem Wasser hebelte und inspizierte, während das Wasser vom breiten Steuerblatt troff. Manchmal hatte sich Tang im Ruder verfangen und der Steuerer schüttelte ihn ab.
»Wer sind diese Männer?«, fragte ich Sir Nigel und lehnte gleichzeitig eine Kostprobe aus seinem Weinschlauch ab.
»Das sind Männer aus Cornwall«, sagte Nigel.
»Und sie bringen uns bis nach Jerusalem?«, fragte ich. Ich wusste, die Heilige Stadt war so weit weg, dass Leute, die dorthin reisten, wenn überhaupt, weißhaarig und verbraucht wieder zurückkamen.
Nigel lachte belustigt. »Sie bringen uns in die Normandie.«
Das sagte mir wenig. Die zweite und wunderbarste Weltkarte, die ich gesehen hatte, hatte auf Pater Josephs Tisch gelegen. Ich war an jenem Nachmittag bei ihm, um ihm einen frisch geflickten Abendmahlskelch zu bringen. Pater Joseph hatte meinen Blick gesehen und erklärend gesagt: »Das ist eine getreue Karte der gesamten Erde unter dem Himmel.«
»Wo ist London?«, hatte ich gefragt.
Wie üblich interpunktierte Pater Joseph seine Worte mit einem Rülpsen. Die meisten Männer, die ich kenne, haben mit Winden zu kämpfen, da sie blähende Speisen wie Kohl und rotes Fleisch lieben. Er sagte: »London ist ein unwichtiger Ort, Edmund, ein Stäubchen Stein und Menschheit, verglichen mit der Heiligen Stadt.«
Ganz England war ein kleiner Krümel irgendwo westlich eines mächtigen Berges. Auf dem Gipfel des Berges stand

eine Festung, mit Türmen, aus denen Obstbäume wuchsen. »Jerusalem«, erklärte Pater Joseph ehrfürchtig, »ist der Mittelpunkt der Welt.«

Vielleicht war es ja die Sünde des Neides, der ich verfiel, wenn ich Hubert wie ein Kaninchen zwischen Bug und Heck hin und her flitzen sah. Neid ist Gram wegen Dingen, derer sich andere erfreuen, und Hubert erfreute sich dieser strahlenden Gesundheit. Aber ich wünschte ihm nichts Schlechtes und empfand keine Schadenfreude, als er auf dem nassen Deck ausglitt, sich ein Weilchen hinsetzen musste und versonnen in den feinen Regen blinzelte, der auf uns herabwehte.

Gerade als ich dachte, es keinen Augenblick mehr aushalten zu können, stieß der Ausguck einen Ruf aus.

Die Worte selbst sagten mir wenig, aber ich verstand den Sinn.

»Land«, flüsterte ich Winter Star zu. Das Pferd stellte die Ohren auf und schüttelte den Kopf. »So schnell!«

Aber es war nur ein Kahn voller Flundern, so schwer von den silberglänzenden, noch immer zappelnden Fischen, dass uns das plumpe Gefährt nicht ausweichen konnte. Mit langen Stangen wurde das Fischerboot weggedrückt.

Den ersten Zipfel der Normandie erblickte ich bei Anbruch des nächsten Tages.

Als der feine Streifen weißen Sandes auf dem bleigrauen Wasser auftauchte, beachtete ich ihn nicht weiter, aus Angst vor einer weiteren Enttäuschung. Aber Winter Star schnaubte beim Geruch von Wiesen und die Seeleute schoben die langen Ruder durch die Ruderdollen und refften die Segel.

Ich wollte mich dem Jubel nicht überlassen. Noch nicht. Schließlich erblickte ich Fußspuren am Strand, klare, eindeutige Formen, und ich sah einen Fischer sein Netz ausbreiten. Ein Bauer stand in der Sonne und entleerte seine Blase, ein bernsteinfarbener Bogen herrlicher, menschlicher Pisse.

13. Kapitel

Wir saßen um einen Gasthaustisch und der Wirt brachte eine Platte mit Lamm, goldbraun gebraten, Scholle in Aspik und Feigen, mit Honig und Zimt geschmort. Ein Vorschneider gab das Essen aus, schöpfte es auf Stücken von weißem Brot. Beim ersten Bissen Lamm kamen mir die Tränen.

Ein Flussschiffer hatte einen Geist gesehen, eine Frau, die von fahrenden Rittern vergewaltigt und zerstückelt worden war. Es hieß, sie spuke im Schilf am Fluss.

»Törichtes Volk!«, sagte Hubert. »Die Heiligen schützen einen Christenmenschen verlässlich vor solchen Geistern.«

»Reiten die Ritter hier zu Lande schändend und mordend umher?«, fragte ich.

»Natürlich tun sie das!«, sagte Nigel. »Bei den Lippen des Herrn, jeder Ritter würde es tun, wenn die Angst vor der Hölle nicht wäre. Deshalb hat ja der Papst den weisen Entschluss gefasst, so viele Recken ins Heilige Land zu schicken. Deshalb und natürlich, weil man uns dort so dringend braucht.«

»Ein Geist ist nichts als ein Dämon«, sagte Hubert. »Mag er sich verkleiden, wie er will, ich spucke darauf, und wenn er seinen Kopf wie einen Eimer spazieren trägt.«

Doch am nächsten Tag, an Bord unseres neuen Schiffs, vermieden alle geflissentlich jeden Blick zum Flussufer, für den Fall, dass sich eine der beschürzten, mütterlichen Gestalten plötzlich als kopflos entpuppen könnte. Und wir blickten auch nicht auf, als ein Vogel von Baum zu Baum flatterte und ein unvertrautes Lied sang: *Heim kehrt keiner, heim kehrt keiner.* Hinter jeder Hecke und jeder Viehtränke konnte sich ein Teufel verstecken.

Wenstan und Miles stritten sich über ein Lied, in dem es um eine Frau ging, die in einer Zitadelle saß und ihr Haar so lang wachsen ließ, dass jeder des Weges kommende Ritter an den langen Locken hinaufklettern und sich mit ihr den Wonnen des Fleisches hingeben konnte. Miles behauptete, mit dem Haar sei ihr Schamhaar gemeint, während Westan erklärte, das sei ein höchst ärgerliches Beispiel dafür, wie man ein lustiges Lied zu etwas Sündigem verdrehen könne. »Es war ihr Haupthaar«, stotterte Wenstan. »Ihr Haupthaar!«

Eines Abends schwamm eine Kuh durch den Fluss und die Schiffer verlangsamten das Schiff, damit es nicht mit dem auf und ab tanzenden Kuhkopf kollidierte. Ich konnte mich nur wundern, dass die Kuh sich so weit von ihrer gewohnten Weide entfernt hatte. Jetzt, zur Fütterungszeit, war das Tier mutterseelenallein, und Hubert und ich standen am Heck des Schiffes und beobachteten die Kuh noch eine ganze Weile, bis sie im Uferbewuchs verschwand, wo ihre Glocke leise in den Weiden läutete.

Als wir den Fluss verließen, ritten wir durch Wald und Ackerland.

Wenn wir keinen Gasthof fanden, trieben Wenstan und Miles Zeltpflöcke in den Boden, lange spitze Holzstangen, die am einen Ende wie ein Nagel geformt waren, und errichteten ein geräumiges segelgraues Zelt. Das dicke Zelttuch bauschte sich und flatterte, bis willige Hände die Seile fassten und es festzurren halfen.

Mitten in einem fremden Land, an einem Bach, von dessen anderem Ufer uns ein Bulle anstarrte, brauchte es nur ein paar Hammerschläge, ein paar rasche Knoten, und der Himmel, die fremde Landschaft, war hinter Zelttuch verschwunden. Ich lobte Wenstan gegenüber unser prächtiges Zelt und er antwortete, als er seine Zunge so weit hatte: »Guter Edmund, wenn du erst die Zelte der Streitmacht Gottes siehst, wird dir das hier schäbig vorkommen.«

Ich hatte von monströsen Menschen in fremden Ländern gehört, Ungeheuern mit dem Gesicht auf der Brust und dem Hirn hinter den Rippen, ohne Köpfe, und von einer Menschenrasse, die man Einbeiner nannte, weil diese Wesen auf nur einem dicken Bein über den Boden hüpften.

Wenn Hubert und ich heimlich und flüsternd über derlei Dinge spekulierten, waren wir uns einig, dass ein menschliches Ungeheuer ein beunruhigender Anblick wäre, eine ganze Armee dieser Kreaturen aber nacktes Entsetzen hervorrufen musste.

Jeden Abend übten Hubert und ich uns im Schwertkampf, während Nigel zusah und »Beinstellung, achtet auf eure Beinstellung!«, rief oder »Entschlossener, Edmund!« Ich lernte die hohe Parade, das Schwert überm Kopf, und die tiefe in Kniehöhe. Nigel lehrte mich, Waffen und Rüstung mit den Augen eines Knappen zu sehen, dem Ritter mit einer bereitwillig dargebotenen, starken Schulter vom Pferd zu helfen und ihm die Kampflanze zu

reichen, deren Griff zuvor mit Harzpulver bestäubt werden musste.
Manche Gehöfte waren von der Kornfäule heimgesucht worden und verlassen, Haus und Scheune niedergebrannt. Andere florierten. Die Weinstöcke hatten gelbgrüne Triebe und die Weizenfelder waren kahl, bis auf zitternde, leuchtende, neue Halme. Kirchengeläut drang an unser Ohr, seltsam bitter, da uns die Musik der Glocken, die zum Gebet riefen, durch die wachsende Entfernung von daheim vergällt wurde.
Nachts schlief ich gut. Wir aßen Eier und Junghühner, die Wenstan auf nahe gelegenen Höfen erhandelte. Wir genossen Ziege und Aal in Aspik, kannenweise Wein, Schafsmilch und dampfend heiße Pasteten aus Schwanenhälsen und Gänselebern.
Die Straße war lang und der Fluss noch länger, und im Lauf der Tage und Wochen wurden wir alle schlank und braun. Wir ritten an diesen langen Reisetagen kaum je auf unseren Streitrössern, sondern hielten uns an kleine Packpferde, die wir eigens dafür erwarben, sanftmütige Geschöpfe, zum Lastentragen gezüchtet, für den Tisch des armen Mannes bestimmt.
Ein paar windige, regnerische Tage verbrachten wir auf Viehkähnen auf einem Fluss, zwischen Weinbergen, in denen Elstern herumstolzierten. An anderen Tagen ritten wir von Fuhrwerken zerfurchte Wege entlang, wobei wir stets vor Morgengrauen aufstanden und unser Nachtlager aufschlugen, wenn die Sonne noch hoch stand.
Es war zu erkennen, dass die gebeugten Männer, mit denen Wenstan um Käse und Brot feilschte, Angst vor uns hatten. Sie sahen weder Hubert noch mir in die Augen.

»Ist der Sultan Saladin auch ein Ungeheuer?«, fragte ich.
»Ein Ungeheuer?«, wiederholte Nigel. Er tätschelte zerstreut sein Pferd und wedelte eine Wespe weg. Die Wespe war hartnäckig und Nigel beugte sich von einer Seite auf die andere, wich dem Insekt fluchend aus.
Wir ritten in einer langen Reihe hintereinander und die Pferde waren nervös, zuckten mit den Ohren. Ich schüttelte ein Schwerttuch aus meinem Bündel und schlug damit nach der Wespe. Vielleicht war es ja ein Glückstreffer – das kleine Geschöpf verschwand.
»Du weißt, wie ich solches Ungeziefer hasse«, sagte Nigel dankbar.
»Der Herrscher der Heiden«, bohrte ich weiter. »Ist er ein grässlicher Dämon wie seine Männer, oder ist er gebaut wie wir, mit Armen und Beinen und – allen anderen Körperteilen?«
»Die Heiden nennen wir Muselmanen. Ich bin froh sagen zu können, dass ich nicht viel über sie weiß. Sie haben den Christen die Heilige Stadt entrissen, aber ich bin mir sicher, Edmund, dass sie im Großen und Ganzen so aussehen wie wir.«
Ein Dutzend Fragen schwirrte mir im Kopf herum. Kämpften diese Heiden mit Schwertern? Riefen sie den Teufel an und ritt der Teufel in ihren Reihen?
Ein paar Schweine fraßen den Kadaver eines Karrengauls am Straßenrand. Zwei Jungschweine liefen davon, als wir näher kamen, aber das größte Tier, eine braun-rosa Muttersau, blieb stehen, die Schnauze tief im Brustkorb eines fast fleischlosen Skeletts.
Hubert warf einen Stein, so klein und glatt wie ein Waldhuhnei, und traf das Schwein mitten auf den rechten Hinterschinken. Das Schwein sah nicht auf, protestierte

aber ein wenig, indem es Laute von sich gab wie Sir Nigel, wenn er im Schlaf redete.
Rannulf nahm die Lanze von seinem Knappen entgegen und ließ sie leicht auf und ab wippen, um die Balance zu prüfen.
Nigel rief: »Ich rieche es!«
»Wir alle können dieses arme Pferd riechen, Herr«, sagte ich.
Nigel hob die Hand. »Nein, Edmund – ich rieche das Meer!«

14. Kapitel

Das Schiff hieß *Sant' Agnese*.

Es war ein frommes Schiff. Selbst wenn sie bei den Vorbereitungen für die Seereise ein Tau aufrollten, schlugen die Seeleute das Kreuz, damit, wie Wenstan erklärte, kein Dämon in die Seilschlingen gewickelt würde.

»Das ist kein Schiff«, sagte Hubert staunend. »Das ist ein Schloss!« Tatsächlich erschien das Schiff, das uns über den Kanal gebracht hatte, jetzt wie ein Austernfischerboot, verglichen mit dieser schwimmenden Kathedrale. Stauer schleppten Töpfe mit Honig, Säcke mit Weizen- und Hirsemehl, Ballen von Ziegenleder, Fässer mit Wein von den Weinbergen am Ufer der Rhône an Bord. Während das Schiff Fracht aufnahm, speisten wir gebratene Schnepfen, die wir im Freien gekauft hatten, frisch vom Spieß. Lebendproviant wurde in Käfigen herbeigeschafft, Enten, die ihre Hälse durch das Lattengitter der Holzkisten reckten, gackernde Hennen und ein einzelner Hahn, der in einem eigenen Käfig steckte und krähte.

Dutzende von Männern bedienten die langen Ruder und wir entfernten uns schaukelnd vom Kai, behütet von einer Statue der heiligen Agnes, die aufrecht am Bug angebracht war. Die gute Heilige hielt ein Lamm in den Armen und sah liebevoll und geduldig auf uns herab.

Als wir eine Stunde vom Hafen entfernt waren, füllte sich das Segel mit Wind und der Meeresgrund brach unter uns weg. Das Schiff tat einen langen Fall und um uns herum wuchsen Wasserwände immer höher. Das Sonnenlicht verschwand und der Schatten des Meeres war kalt.
»Sei stark, Edmund«, flüsterte mir Hubert ins Ohr.
Kein Seemann schien auch nur im Geringsten beunruhigt, jeder hatte eine Aufgabe, die seine ganze Aufmerksamkeit forderte: Lebensmittelsäcke verstauen, Knoten lösen oder knüpfen, das Ruder halten, alles auf gelassene Art geschäftig.
Unser Kapitän hieß Sebastiano Nero – ein kleiner, untersetzter Mann mit einem schallenden Lachen. Er verschränkte die Arme und sah zum Himmel empor.
Die Wasserwände schlugen über uns zusammen und die weißen, gischtigen Sturzbäche rissen mir die Füße weg. Zwei Seeleute packten mich und tätschelten mir den Rücken, aber eine weitere Welle brach über uns herein und nur die starken Arme der Matrosen verhinderten, dass ich wie ein Kork empor und durch das Speigatt geschwemmt wurde.
Rannulf war plötzlich neben mir, als ich klatschnass auf den Planken lag. Er umfasste meinen Arm mit stählernem Griff. »Nimm diese Leine hier«, sagte er. »Leg sie dir um die Taille.« Im Reden formte er das Seil zu einer Schlinge und verknotete es. Mir fehlten die Worte, meine Dankbarkeit auszudrücken.
Das Schiff bäumte sich. Die Pferde, einschließlich Winter Star, schrien. Aber sie waren in einem Verschlag, einem Stall aus Holz und Segeltuch, gleich hinter dem Mast, und die furchtsameren unter ihnen keilten mit den Hinterhufen aus, sobald sich ihnen jemand näherte.

Zu meinem Erstaunen sprach Rannulf noch weiter mit mir. »Es nützt Gott nichts«, sagte der Ritter, »wenn du ersäufst.«

Der Sturm nahm zu. Wogen türmten sich auf, Berge, die kochten und schäumten, ehe sie auf uns hereinstürzten. Sebastiano Nero bellte Kommandos und lachte. Sein Lachen war echter als das von Nigel.

Der Himmel war blau und die Sonne blinzelte über die Wogengebirge hinweg und selbst bei Sonnenuntergang, als der Himmel abendfriedlich war und Sterne funkelnd aus dem Dunkel hervorstachen, schwankte und schaukelte das Schiff noch so heftig, dass niemand außer den seebefahrensten Matrosen vom Heck zum Bug gehen konnte, ohne sich an den Mannleinen festzuklammern.

Rannulf und Nigel hüllten sich in Würde und blieben drinnen, in einer Koje mit Stroh und trockenen, weichen Wolldecken. Hubert und ich waren in einem engeren, finstereren Gelass einquartiert und während Hubert die auf uns hereinstürzenden Wogen von verschiedenen hohen und tiefen Punkten des Schiffs aus zu betrachten suchte, strebte ich zum Dollbord.

Dort verbrachte ich Stunden. Ich litt an dem, was die Seeleute *dolento di mare* nannten, wenn auch manche die Bezeichnung *dolente del ocean*e oder gar *dol'di mar* verfochten, bis mein Zustand Gegenstand eines munteren Disputs unter Schifffahrtsgelehrten war. Sie konnten sich auch nicht einigen, wie die *disjecta* aus meinem Bauch zu nennen seien, obgleich *vomito* das Wort war, das ich am häufigsten heraushörte. Ein genuesischer Riese mit blauen Hosen rief jedes Mal, wenn ich den Kopf über das Dollbord hängte und meinen leeren Magen emporhustete, denselben Satz: Der englische Jüngling singt.

Wenn ich würgte und würgte und nichts hervorbrachte als ein schmerzhaftes Rülpsen, kommentierte der Genuese dies. Wenn ich ausrutschte und hinfiel, während ich bloße Luft hervorbellte, war auch das Anlass zu Kommentaren.

Mit jedem Tag fühlte ich mich seetüchtiger.
Ich konnte jetzt die Augen schließen, ohne das Gefühl zu haben, wie ein Stein zu fallen, und ich konnte frischen Fisch auf einem Holzkohlenrost riechen, ohne dass sich mein Magen zusammenkrampfte. Die Sterne schwangen hin und her und der Mond tat mit bei ihrem nächtlichen Tanz, aber allmählich schien mir der Anblick vergnüglich, genau wie das Fahrtgeräusch des Schiffs, wenn nur zwei Finger dicke Planken mein horchendes Ohr und den rauschenden Ozean trennten.
Einmal, zur Mittagszeit, lachte der riesige Genuese, als ich Wenstans Weinsack nahm und kräftig daraus trank. Wie jeder Mensch wusste Wenstan, dass Wasser voll von allen erdenklichen Krankheiten war, aber süßer Loire-Wein barg kein Fieber. Ich trank so viel, wie die Schicklichkeit erlaubte, und dankte Wenstan. Ich ließ den Riesen lachen. Ich stimmte sogar in sein Lachen ein.
Ich würde diesen Hünen überraschen.
Ich ging dorthin, wo er stand und das Ende eines Taus mit gelbem, störrischem Zwirn umwickelte. Ich nahm ihm mit einer jähen Bewegung das Tau aus der Hand und war schon dabei, eine Marktschlinge zu knüpfen, ein Bauernkunststück, das ich mein Leben lang jede Woche am Markttag gesehen hatte. Man knüpft eine Schlinge, wirft sie der erworbenen Kuh über den dumpfen Schädel und kann das Vieh führen, wohin man will.

Der Genuese sagte etwas, eine gutmütige Herausforderung.
Eine Hand drückte meinen Ellbogen. »Wir brauchen diesen Seemann lebend und unversehrt, Edmund«, sagte Hubert.
»Ich wollte ihm nur zeigen, wie wir in England einen Knoten schlingen.« Um einen Rindviehkopf, verkniff ich mir zu sagen.
»Alles schaut her«, flüsterte Hubert.
Tatsächlich sahen auf dem ganzen Schiff, vom Ruder bis zur heiligen Agnes, Seeleute von ihrer Arbeit auf.
Der Genuese nahm mir lächelnd das Seil aus der Hand, wand blitzschnell den Zwirn um das Ende und überreichte mir dieses. Er ruckelte einen kleinen Dolch aus seinem Gürtel, sägte kurz an dem Seil und ließ das Ende in meinen Händen zurück.
Ich spürte, wie ich rot wurde, geschlagen von seinem unverwüstlichen Humor.

Das letzte uns noch verbliebene Huhn, der weiße Gockel, krähte in Abständen. Der Koch hatte seinen Käfig an den Mast gehängt, vielleicht, um ihm seinen letzten Tag unter den Lebenden angenehm zu machen.
Es war abermals ein warmer Tag, über uns Seevögel, die auf das Schiff herabäugten, im Wind der Geruch von Land, Fischernetzen, Schalengetier und Vieh, obwohl die Küste noch weit weg war, ein brauner Streifen auf dem Wasser. Miles sang das Lied von dem neugierigen Ganter, der mit dem Kopf in der Kemenate der Herrin stecken geblieben war.
Der Ausguck rief vom Mastkorb herab, meldete eine *Barca*. Gewöhnlich verging eine Stunde oder gar ein hal-

ber Tag zwischen dem Ruf des Ausgucks und dem tatsächlichen Erscheinen eines Schiffs, das sich, schwer beladen mit Seidenballen oder Nelkengewürz, aus dem sagenumwobenen Orient zurückschleppte.
Doch diesmal drang mir binnen Minuten der Geruch in die Nase: Männerschweiß und nasses Holz. Ich erhob mich gerade rechtzeitig, um Hubert ins Takelwerk klettern zu sehen. Rannulf trat aus dem Schatten und spuckte übers Dollbord ins Meer. Die Seeleute demonstrierten angelegentlich, wie wenig sie dieses schwimmende Gebäude interessierte, das da auf uns zukam, am Bug zwei mächtige Hörner mit Messingspitzen.
Keiner von uns sagte etwas, es sei denn, um Unbekümmertheit zu beweisen, und der Genuese widmete sich ganz dem Geschäft, ein Ruder zu verzurren.
Unser venezianischer Kapitän schickte einen Mann an den Mast, um ein blau-weißes Kreuzfahrerbanner einzuholen, aber die Galeere ruderte dennoch gegen und drehte bei. Eine Reihe bärtiger Männer mit Turbanen schaute grinsend auf uns herab. Die Tücher auf den Köpfen der Männer hatten leuchtende Farben, auf die jeder Färber stolz hätte sein können, Pflaumenrot, Pfauenblau. Die Schwerter an ihren Hüften waren wie Mondsicheln gekrümmt und der Stahl blitzte in der Sonne.
Die Ruder auf der abgewandten Seite des Schiffs platschten und der Schatten der Galeere verdunkelte unser Deck und nahm uns den sanften Wind aus den Segeln.
»Ungläubige«, sagte Nigel leise. Er schlug das Kreuz. »Kein einziger unter ihnen ein Christ.«
Ich hatte nicht wie die meisten Krieger die Gewohnheit, mein Schwert so nah bei mir zu haben, dass ich mich schnell damit gürten konnte. Ich fühlte mich nackt.

»Sie werden uns entern«, sagte ich heiser.
»*A Venezia*«, rief Sebastiano auf eine Frage hin. Noch nie hatte ich ihn einen so strammen, ehrerbietigen Ton anschlagen hören.
Ein Turbanträger beugte sich über die Bordwand der Galeere und sein Schatten fiel auf uns. Er trug Hosen aus flatternder blauer Seide und einen breiten Gürtel mit einer Bronzeschließe. Er streckte den Arm aus.
»*Cavaliere*«, rief unser Kapitän und rückte seinen Gürtel zurecht. »*Inglese.*«
Zwei oder drei von den Männern mit den leuchtenden Turbanen gestikulierten und ihr Kapitän lachte belustigt.
»Sie bewundern das Rot deines Haars«, erklärte Sir Nigel Miles. »Wie der Sonnenaufgang. Oder der Sonnenuntergang.«
»Sprecht Ihr muselmanisch, Herr?«, fragte Miles mit rauer Stimme.
»Sie sprechen eine Art Venezianisch, die jeder verstehen kann. Da – sie bewundern dich, Edmund«, sagte Nigel. »Dein Aussehen – jeder Zoll ein Krieger, sagen sie.«

15. Kapitel

»Warum haben sie uns nicht geentert und uns alle getötet?«, fragte ich.
»Die haben kein Interesse, das Schwert gegen Leute wie uns zu erheben.« Sir Nigel lachte. »Dieses Schiff war aus Konstantinopel. Die Menschen dort sind mit den Venezianern befreundet und helfen manchmal sogar Christen, ins Heilige Land zu gelangen.«
»Sie verraten ihre ungläubigen Brüder?«, fragte ich.
»Es ist merkwürdig«, gab Nigel zu. »Wer versteht schon, was Menschen, die in der Sonne groß werden, tun? Vielleicht macht die Hitze sie alle halb verrückt.«

Ein Matrose kniete am Bug, ließ ein Senkblei hinab und rief: *»Quat' bracci.«* Die Leine machte ein wisperndes Geräusch, als sie wieder eingerollt wurde. Nach einem Augenblick der Stille platschte das Lot erneut ins Wasser und die Leine glitt wieder hinab.
Der Ruf lautete immer beinahe gleich – vier Faden oder drei.
Nigel und Rannulf speisten den Hahn, der am Spieß gebraten worden war, während wir Übrigen das erste Mal Pökelfleisch kosteten, rosafarbenes, nach Rauch schmeckendes Schweinefleisch, das die Seeleute mit Genuss ver-

zehrten. Ich fand es gut, wenn auch leicht harzig, wie Wein, der in Nadelholzfässern gelagert hat.
Unser Schiff rammte irgendein im Wasser treibendes Objekt, ein Fass oder einen Baumstamm. In den letzten Stunden war uns viel schwimmender Abfall begegnet, verkohlte Rinderknochen, Hühnerkäfige, Fassdauben. Aber das hier war ungewöhnlich großes Stück Treibholz und es rumpelte sachte unter dem Kiel, als wir darüber hinwegsegelten, und flutschte dann in unserem Kielwasser empor.
Von fern sah Venedig aus wie ein Heer von spitzen Zelten und prächtigen Bannern, das in der tief stehenden Sonne auf einem Rauchstreifen schwamm.
Den Hafengewässern selbst konnten wir uns nicht nähern, denn auf diesem Stück Meer herrschte ein dichtes Gedränge von Kriegsschiffen und Pinassen, Ruder- und Fischerbooten, Booten mit goldenen Verzierungen und dicken, dunklen Teppichen sowie salzfleckigen Barken. Manche Schiffe lagen tief im Wasser, umgeben vom Duft von Pfefferkörnern und Nelken und bewacht von Männern in roten oder gelben Hosen, die Speere mit funkelnden halbmondförmigen Spitzen trugen.
»Keiner von diesen Speerkämpfern ist auch nur einen Knechtslohn wert«, sagte Rannulf.
Ich war erstaunt und geschmeichelt, als er diese ruhigen Worte an mich richtete, während wir uns über die glitzernde Wasseroberfläche beugten. »In meinen Augen sehen sie gefährlich aus«, gestand ich.
»Gefährlich auszusehen ist für Krieger des Orients alles«, sagte Rannulf. Ich konnte mir nicht verkneifen zu fragen: »Welche Angriffstaktik würdet Ihr wählen, wenn Ihr's mit einem dieser Kämpfer zu tun hättet?«

Rannulfs narbenentstellte Lippen verzogen sich zu einem Lächeln. »Wozu würdest du raten, Edmund?«

Ich konnte ihn zuerst nicht ansehen, weil ich spürte, dass das mehr als nur eine beiläufige Frage war. »Ich würde den Speerkämpfer zuerst angreifen lassen und versuchen, den Speer zu ergreifen und ihn ihm zu entreißen.«

Er schüttelte belustigt den Kopf.

»Ich würde den Speer packen«, beharrte ich, »und übers Knie brechen.«

Er lachte laut und ich fühlte mich verspottet.

»Ich mache mich nicht über dich lustig, Edmund«, sagte Rannulf. »Ich hoffe, dich viele Heidenspeere zerbrechen zu sehen, und zwar schon bald.«

Nigel kehrte von einem kurzen Besuch im Hafen zurück. Er besprach sich kurz mit Rannulf und Wenstan. Hubert hockte in der Takelage und als die drei auseinander gingen, kam er in langen Sätzen über das Deck gestürmt, zu meinem Platz beim Verschlag der Pferde.

»Der Kampf ist schon im Gang!«, sagte Hubert. »Im Heiligen Land kämpfen die Christen und die Muselmanen bereits!«

Diese Nachricht erfüllte mich mit bitterer Enttäuschung. Ich sammelte, da die Pferde mit Fressen fertig waren, die ledernen Futtersäcke ein und legte sie in eine Truhe, deren Deckel mit Lederstreifen angeschlagen war.

»Die Christenritter belagern die mächtige Festungsstadt Akkon«, sagte Hubert. »Aber unser König Richard ist noch nicht dort.«

Ihr kommt zu spät, riefen die Möwen.

Zu spät, zu spät.

16. Kapitel

Der Morgen war heiß.
Die See roch wie Muschelsuppe und die Seeleute schwitzten heftig. Die grauen, wetterfleckigen Segel waren gerefft, die Ruder eingezogen, und es gab nichts anderes zu tun, als darauf zu warten, dass die Zollbeamten an Bord kamen.
Venedig von fern war ein Flirren von roten Helmbüschen und messingenen Pierpfostenknäufen, goldenen Fahnen und eiligen Boten mit purpurfarbenen Strümpfen. Alles außer Reichweite. Eine schrille, wirbelnde Musik kam von oben. Tausende Schwalben, kleine, dunkle Vögel, schossen durch die Luft.
Beeilt euch, schrien sie in meinen Ohren. *Der Kreuzzug ist fast vorbei.*
Wir gingen ungeduldig auf und ab, während der lange Tag immer heißer wurde. Hubert überzeugte mich, dass Richard noch in Sizilien verweilte oder auf den griechischen Inseln. Wir würden vor dem König in Akkon sein und gewiss würden die Kämpfe nicht enden, ehe Richard selbst das Schwert zog.
Als das Zollschiff, ein schlankes, schwarzes Ruderfahrzeug, unser Schiff erreichte, kamen die Männer nicht gleich an Bord. Obwohl unser Schiff mit Italienern

bemannt war, stimmte doch etwas nicht mit den Papieren unseres Kapitäns, waren die roten Siegel mit den gelben Bändern von der falschen Farbe oder einfach nur unleserlich. Sebastiano lachte ärgerlich, deutete mit ausholenden Armbewegungen auf den Himmel, das Meer, unser aller erwartungsvolle Gesichter.
Ein schwarzer Ziegenhautsack wurde endlich, mit Entschuldigungsgesten in Richtung der heiligen Agnes, einem der Männer im Boot in die Hand gedrückt.
Jeder Beamte wog den Sack in der Hand, öffnete ihn, spähte hinein. Die Männer sahen in die Runde, auf das grüne Hafenwasser und die hunderte von Schiffen, die alle auf die Zollkontrolle warteten. Achselzucken. Eine lange Diskussion über Dokumente, Engländer und Ritter. Es herrschte keine Eile – wir konnten ja alle hier liegen bleiben und warten, während weit entfernt die Kreuzzugskämpfe entschieden wurden.
Alle an Bord der *Sant' Agnese* mussten sich in einer Reihe aufstellen und ein venezianischer Arztgehilfe inspizierte unser Zahnfleisch und das Weiße unserer Augen, als ob wir Milchziegen auf dem Markt wären.
Sebastiano redete die ganze Zeit: dass wir tapfere Männer seien, dass Akkon belagert werde, dass uns die Zeit davonlaufe.
Der oberste Zollbeamte erinnerte mich an Alan, den Mann des Schatzmeisters. Der bleiche Venezianer stand da, die Hand in die Hüfte gestemmt, musterte mich von oben bis unten und sagte etwas Scherzhaftes zu einem seiner Gefährten. Die anderen schmunzelten, steuerten selbst noch den einen oder anderen Scherz bei, und es erhob sich ein allgemeines Gelächter.
»Was sagen sie?«, fragte ich.

»Etwas Obszönes, fürchte ich, Edmund«, antwortete Sir Nigel belustigt. »Das hier ist eine sehr lasterhafte Stadt.«

Die Stadt Venedig ist ein planloses, algenfleckiges Gewirr, auf allen Seiten von Wasser umgeben. Nie hatte ich einen trübseligeren Ort gesehen.
Wenn man beschloss, eine der Straßen entlangzugehen, um sich die Beine zu vertreten, kam man rasch am anderen Ende der Stadt an und stand vor nichts als Salzwasser. Und nach so langer Zeit an Bord eines Schiffs, brauchte ich Erde, Bäume und Wiesen, aber alles, was ich fand, waren ein wimmelnder Marktplatz, Treppen aufwärts und abwärts, Kanäle und ringsherum Wasser.
»Irgendwo hier in der Stadt«, sagte Hubert, »ruhen die Gebeine des heiligen Markus.«
Eine Weile hoffte ich inbrünstig, vor diesen Reliquien beten zu können. Aber ich verlief mich. Der Marktplatz war voller Kisten mit gelben Früchten namens *Limones*, kleiner als ein Hühnerei, mit einer dicken, gelben Schale und großen, ungleichmäßigen Poren, wie die Nase eines Gerbers. Ein Biss ins Fleisch dieser Frucht treibt einem die Tränen in die Augen. In Käfigen sangen gelbe Vögel die süßesten Töne, die ich je gehört hatte, und die kleinen Geschöpfe pickten mir Krümel von den Fingern, wenn ich diese zwischen den Gitterstäben ihres Gefängnisses durchzwängte. Das feilgebotene Brot war weiß, mit einer goldbraunen Kruste, aber voller Löcher und Blasen.
Feines Bier war nicht erhältlich, außer in den Schänken, wo bremische Seeleute saßen und Lieder sangen, die sonst niemand kannte. Wein gab es, reinen Wein, ohne Zusatz von Wasser, und andere, mindere Weinsorten, die mit Kräutern versetzt waren. In meiner Kindheit hatte ich

oft gesehen, wie Weinhändler an den Pranger gestellt wurden, weil sie mit Harzen »aufgebesserten« Wein verkauft hatten. Hier wurde der toskanische Rotwein ohne Angst vor Strafe gepanscht. In den Wirtshäusern am großen Kanal konnte man Frauen stundenweise mieten. Die Frauen, die ich sah, waren wie gerupfte Hühner, nur Fleisch und Brust, mit Schminke auf den Wangen und um die Augen.

Nicht, dass mich ihr Anblick abgestoßen hätte. Ich beneidete Nigel, als ich ihn mit zweien dieser Frauen eine steinerne Treppe hinaufgehen sah. Rannulf hockte in einem Winkel der Schänke und ließ ein Paar Würfel in seiner Hand hüpfen. Er lauschte einem kleinen, untersetzten, fröhlichen Mann mit rostbraunen Strümpfen. Miles saß neben ihm, mit gerötetem Gesicht und glänzenden Augen.

Rannulf hörte dem Mann mit den rostbraunen Strümpfen zu, wandte sich dann an Miles und fragte ihn etwas. Miles brauchte nicht zu antworten. Rannulf streckte den Arm über den Tisch und stopfte die Würfel in den offenen Mund des munteren Burschen. Rannulf und sein Knappe Miles standen auf, verließen die Schänke, schauten einmal mit gleichmütiger Miene den Kanal auf und ab und marschierten wieder in Richtung unseres Schiffs. Miles war eine leuchtend bunte Gestalt, fast zu fröhlich, um der Gefährte eines so hageren, dunkeläugigen Mannes zu sein.

Ich verspürte einen Anfall von Neid, dieser mächtigsten aller sündigen Regungen. Miles teilte Rannulfs Gedanken und Stimmungen, wie ich es nicht konnte. Und ich sah, wie Rannulf mit einem leisen Lachen den Kopf hob, nachdem Miles etwas gesagt hatte.

»Hast du jemals Würfel gespielt?«, fragte Hubert, als uns der Mann mit den rostbraunen Strümpfen durchs Fenster angrinste und seine feuchten Würfel in der Hand hüpfen ließ.
Der Spieler trat auf die Straße hinaus und hieß uns willkommen, pries uns als tapfere Engländer, kühne Seefahrer. Das verstand ich zumindest. Er wolle gänzlich umsonst mit uns spielen. Er sei gerade erst dabei, sein Handwerk zu lernen, ein Glücksspielerlehrling. *Er* wolle *uns* bezahlen, wenn wir nur hereinkämen.

Hubert und ich fanden eine andere Schänke in einer anderen Straße. Wir kauften zwei große Ziegenfellschläuche mit rotem Wein, Säcke, von denen die Beine noch abstanden. Bei jedem Schluck Wein kitzelten ein paar weitere Ziegenhaare die Zunge, aber der Wein war dunkel und unnatürlich süß und quoll durch die Nähte des Sacks wie Teer.
Als wir uns an dem Wein satt getrunken hatten, warfen wir die leeren Ziegenfellschläuche in den Kanal und pissten darauf. Wir fanden eine Schänke, wo es einen Affen in einem goldenen Käfig gab und einen Hund, der dazu abgerichtet war, auf den Hinterbeinen zu gehen, und wir sahen zu, wie das Tierchen gehorsam und mit eifrig gespitzten Ohren von Tisch zu Tisch trippelte und Essenshäppchen und Beifall erntete. Inzwischen hatten wir den Glühwein der Schänke probiert, einen Becher heißen, gewürzten Weins, den ich in einem Zug austrank, um den nächsten zu bestellen.
Hubert stand auf und verkündete dem ganzen Raum: »Dieser arme Hund ist ein Sklave im Dienst unserer Belustigung«, was große Heiterkeit erregte.

Hubert stieg auf einen Stuhl. »Während tapfere, fromme Männer vor Akkon sterben, erliegen wir hier dem Teufel.«

Erneutes beifälliges Gejohle.

Doch als Hubert das weiße Hündchen auf den Arm nahm und nach draußen entfloh, war der Aufschrei ohrenbetäubend. Die brüllenden Männer fluteten hinter uns her, bis auf die Gasse, während die glänzenden Hundeaugen aus Huberts Armen lugten.

Die Nacht war warm und von Fenstern hoch droben drang Laternenschein herab. Diese Stadt war ein schlechter Ort zum Kämpfen oder Fliehen. Unter einem Fenster mit roten Vorhängen in die Enge getrieben, presste Hubert den Hund wie ein Baby an die Brust und rief: »Hol mir mein Schwert, Edmund!«

Sein Schwert und meins waren an Bord der *Sant' Agnese* und wir hatten keine andere Verteidigungswaffe als meine beiden Fäuste. Ich rief Huberts Namen, aber die dicke Luft bremste meine Stimme, schlug uns allen aufs Gehör. Ich spürte keine Angst. Irgendetwas an dieser schweren, feuchten Abendluft gab mir das Gefühl, unschlagbar zu sein.

Noch ehe ich die Fäuste schwingen konnte, hatte uns die Menge gepackt.

Wir wurden in den Kanal getunkt und von denselben Händen, nachdem sie uns wieder herausgezogen hatten, getätschelt und gestreichelt und in die Schänke zurückgeführt. Lachen, herzliche Stimmen. Ich spuckte einen Mund voll Wasser aus, der wie versalzene Pastinakensuppe schmeckte. Wie die meisten Leute konnte ich nicht schwimmen und im Wasser zu landen, machte mir keinen Spaß.

Der Hund jappte und lief auf den Hinterbeinen, um unsere Aufmerksamkeit auf sich zu ziehen, aber der Schankwirt warf ihm eine Schlinge um den Hals und führte ihn weg.
Hubert und ich saßen tropfnass auf dem Fußboden und das Wasser aus unseren Kleidern glänzte im Kerzenlicht. Der Schankwirt nötigte uns Becher mit Glühwein auf, auf deren Grund Zimtstangen und winzige Nelken schwammen, Gewürze für einen ganzen Sommerlohn.
Was ist doch Lachen für ein seltsames Geräusch! Um es hervorzubringen, blecken wir die Zähne und jaulen wie Hunde. Wir saßen an einem Apfelbaum- und Balsamholzfeuer, in einer wohlduftenden Wärme, die unsere Kleider trocknete. Hubert tanzte mit einer beleibten Frau. Seine Füße bewegten sich flink, wenn auch nicht gerade im Rhythmus der Leierklänge. Der Affe wurde aus dem Käfig gelassen und erklomm Huberts Schultern und Kopf, wie ein Mensch bei steigendem Wasser einen Pier erklettern mag. Ich fiel in das allgemeine Lachen ein. Wir waren betrunken.

Später, als wir erneut ins Dunkel hinausgetragen und in eine feuchte Ecke geworfen wurden, war mein Mund noch immer zu einem verwirrten Lächeln erstarrt. Nicht zum ersten Mal zweifelte ich an der Harmlosigkeit dieser Vergnügungen und versuchte, nach Hubert zu rufen.
Hände durchsuchten mich, fanden das bisschen Silber, das ich noch hatte, und nahmen es mir ab.
Ich rief abermals nach Hubert und hörte ihn stöhnen und wieder stöhnen, während ein lederbeschuhter Fuß nach ihm trat, rhythmisch und immer heftiger. Die Angreifer lachten.

Während ich mich noch hochrappelte, fragte ich mich verblüfft, was Hubert gesagt, welches Sprichwort er zitiert haben mochte, um diese gewalttätigen Männer so zu erheitern.
Die anderen Angreifer wurden der Sache müde, aber ein kräftiger Mann in einem schwarzsamtenen Umhang ließ in seinen grimmigen Attacken auf Hubert nicht nach, außer um zwischendurch den Fuß zu wechseln und mit dem linken noch heftiger zuzutreten. *Kommt fort*, riefen ihm seine Gefährten in ihrer Vogelzwitschersprache zu. Oder jedenfalls etwas in diesem Sinn. Ich konnte ihnen nicht verdenken, dass sie uns als Unterhaltung betrachteten und jetzt fanden, dass wir nicht mehr viel hergaben. Schließlich war da nur noch der Mann in dem wehenden schwarzen Umhang und er ermattete allmählich, lachte schon ziemlich atemlos.
Ich stolperte zwei algenglitschige Stufen hinab und steckte den Kopf ins Wasser. Dann, plötzlich seltsam klar im Kopf, stürzte ich mich auf den Mann im schwarzen Cape, gerade in dem Moment, als er vor lauter Anstrengung keuchend auf die Knie sackte.
Zweifellos stärkte der viele Wein, den ich getrunken hatte, meinen Kampfesmut. Ich stolperte beinahe auf den Mann drauf. Er sah zu mir auf, verschwitzt und mit unbekümmerter Miene, eine spöttische Bemerkung auf den Lippen. Ich zog ihn hoch. Ich klatschte ihm eine Hand auf die Schulter und strahlte ihn an wie einen lang vermissten Bruder, dem ich gleich einen Kuss aufs Gesicht drücken würde.
Er versuchte davonzulaufen, aber ich ließ nicht los. Er zerrte, ruckte mit der Schulter, wand sich, aber ich hielt ihn fest, sah ihm direkt ins Gesicht.

Es war ein seltsam köstliches Gefühl, Angst in den Augen eines Mannes aufglimmen zu sehen, und das nur wegen der Kraft meiner Hände. Ich lupfte den Mann am Stoff seines Umhangs hoch. Ein kleiner Mann, unter seiner ganzen Kleidung, und ein schwacher Mann, jetzt, da er müde war.
Ich konnte nicht gegen den Gedanken an: Wie leicht es wäre, ihm das Leben zu nehmen.

17. Kapitel

Vögel schlafen wie wir, wachen nachts auf, um zu glucksen oder zu gurren, sich zu versichern, dass alles in Ordnung ist. Dann plustern sie sich auf und ziehen sich in ihr Gefieder zurück, im Vertrauen darauf, dass nichts Böses geschieht. Ich beobachtete die schlafenden Tauben, in den Umhang gehüllt, den Huberts Peiniger zurückgelassen hatte.

Es war immer noch Nacht. Ich saß lange Zeit so da, während Hubert sich erbrach und sich stöhnend den Kopf hielt. Ich schaute immer wieder wachsam die Straße und den Kanal entlang, für den Fall, dass die fröhlichen Angreifer wieder über uns hereinbrächen.

Schwalben regten sich in den Dachgesimsen und ich zog Trost aus dem Beratungsgezwitscher der kleinen Vögel.

»Oh Elend«, sagte Hubert.

»Wenn du nicht stehen kannst«, sagte ich, »kann ich dich tragen.«

»Mich tragen!«, sagte er, als sei das eine beschämende Vorstellung.

Hubert tastete sich die Wand entlang, blieb stehen, um zu husten und durch die Bluse seine Rippen zu befühlen. Er tat jeden Schritt wie ein Mann, der brüchiges Eis überquert. Ich sah mich immer wieder um, in der Erwartung,

Schatten von Türbogen zu Durchgang huschen zu sehen, aber aus irgendeinem Hof erschallte die Stimme eines Nachtwächters und ich fragte mich, ob vielleicht eine gesegnete Stunde gekommen war, zu der sich niemand mehr außerhalb seines Hauses oder Schiffs bewegen durfte.

Hubert blieb vor einem Fenster stehen, dessen Holzrahmen leer war wie der einer offenen Tür. Er trat einen halben Schritt zurück, beugte sich dicht an das Fenster.

»Glas!«, sagte er schließlich. »Wie im Haus meines Vaters, in England.«

In dem Fensterrahmen spannte sich klares Glas und im schwachen Mondlicht konnten wir unsere Spiegelbilder sehen, gebückt und glotzend wie zwei Schwachsinnige. Das Glas war leicht gepünktelt, mit kleinen Bläschen durchsetzt wie Bier.

Drinnen regte sich niemand und die Stadt war ganz still, bis auf unsere Schritte. Als ich einen vollen Weinsack neben einem schlafenden Mann erspähte, nahm ich den Sack und trank ihn bis auf den letzten Tropfen aus.

Wir eilten durch eine Gasse, zwischen Kisten und Ballen hindurch, und als uns ein Wächter anrief, antwortete ich *»Sant' Agnese«*, wobei ich den Namen des Schiffs so aussprach, wie ich es von den Seeleuten gehört hatte.

Der Wächter pflanzte sich mit ausgebreiteten Armen auf, in der einen Hand eine Pike, und versperrte uns den Weg. Er trug einen Lederpanzer und einen eng sitzenden Eisenhelm. Das Kreuz auf seiner Brust hing an einer Kette aus Gold und einem minderen Metall und schimmerte im Sternenlicht, hübsch und bedrohlich zugleich.

Weiter hinten war ein Mastenwald von Segelschiffen und Galeeren, die im Dunkeln am Kai vertäut lagen. Ein

schwerer Vorhang wischte um meine Fußgelenke, als ich mich umdrehte – das schwarze Cape, das Huberts Peiniger bei seiner Flucht zurückgelassen hatte.
Ich befühlte das Innere des Umhangs und zog einen weichen Lederbeutel hervor, Lammleder mit einem rehledernen Zugriemen. Mit zwei Fingern pickte ich eine Münze heraus, eine fremdländische Silbermünze, die ich nicht kannte, deren Größe und Gewicht mir aber sagten, dass sie auch für einen venezianischen Pikenier ein Vierteljahreslohn sein musste.
»Und eine gute Nacht«, sagte ich.
Mit einem eleganten Schwung des Capes und einem widersprüchlichen Gefühl von Triumph und schlechtem Gewissen zugleich, marschierte ich los und den Kai entlang und als mich ein zweiter Wächter anrief, rief ich im selben barschen Ton den Namen unseres Schiffs zurück.
»In Jerusalem ward mein Liebster erschlagen«, sang ich.
In Jerusalem watz my lemman slayn.
Ein fröhliches Lied, trotz der traurigen Verse. Ich war müde und die Decksplanken des Schiffs waren schlüpfrig unter meinen Füßen.
Starke Hände packten mich von hinten – stärker als die der flinken, leichtfüßigen Venezianer vorhin. Die Arme wurden mir auf den Rücken gedreht, jemand brachte Ketten herbei und wieder wurde ich getragen. Allmählich genoss ich das Gefühl, durch die Gegend geschleppt zu werden wie ein gemeingefährlicher Widder.

Als ich wieder aufwachte, konnte ich mich nicht rühren und wollte es auch nicht.
Hubert war neben mir festgekettet, ein bleiches Gesicht im Dunkeln. »Ich höre Tiere«, sagte er.

Schritte hallten droben übers Deck.
»Tiere aller Art!«, sagte Hubert.
Ich würde jeden Moment sterben, sagte mir das Pochen meines Gehirns. Die Augäpfel zu drehen, entfesselte stechende grüne Lichtpfeile. Ich wälzte mich auf die Seite. Wenn ich um Hilfe schrie, würde mich niemand hören, es sei denn, um mich mit einem Speer zu durchbohren und meinem Leiden ein Ende zu setzen.
»Edmund«, wisperte Hubert. »Ist alles in Ordnung?«
Ich tat, als ob ich ihn nicht hörte, nicht aus Unfreundlichkeit, sondern weil meine Zunge eine trockene Flocke war, ein zerbrechliches Etwas, das kaputtgehen würde, wenn ich es zu benutzen versuchte.
»Ich höre dich atmen«, sagte Hubert hoffnungsvoll.
Mein ganzer Schädel war in Stücken. »Ich atme«, brachte ich heraus.
Hubert hatte Recht: Wir lagen in Ketten auf einem Schiff, beladen mit Enten und Schafen, Pferden und Hühnern, jedes Geschöpf mit einer eigenen Stimme, von der es auch Gebrauch machte.
Plötzlich stach Tageslicht durch das Dunkel. Ich kniff die Augen fest zusammen. Venezianische Stimmen lachten, kommentierten, warnten, jede einzelne unnatürlich lebhaft. Das feine, trockene Rascheln von Gras irgendwo im Schiffsbauch und der Duft von Heu. Über uns das beständige Schlagen und Scharren von Hufen. Tauschlingen schlurrten übers Deck und das Schiff setzte sich würdevoll in Bewegung, rauschte jetzt unverkennbar durchs Wasser. Und dann ein ruckartiger Stillstand. Fernes Stimmengeschnatter und Rufen. Wortfetzen, das mahlende Drehgeräusch der Ruderpinne und das Platschen der Ruder hallten durch unser Gefängnis.

Käpt'n Sebastiano brüllte, redete mit Engelszungen, fluchte beim heiligen Johannes und beim heiligen Blut. Er hatte ein Lachen, das *fahr zur Hölle* bedeutete, und ein andres, das da hieß: *Dein Anblick erfreut meine Seele.* Bloße Füße patschten, irgendwo stieß ein Pferd ein ungläubiges Wiehern aus. Ein Hahn feierte den Tag, der wohl dort draußen, in der Welt der Lebenden, angebrochen sein musste. Andere Geschöpfe erzeugten kehlige, ausdrucksvolle Laute. Bären, dachte ich – oder Schweine.

Als Wenstan jedem von uns eine Portion fetten, rauchigen Schinken brachte, sprach er nur leise. »Ich habe Sir Nigel noch nie so ungehalten gesehen«, stammelte er.

»Werden wir hier für immer angekettet bleiben?«, fragte Hubert, ohne Selbstmitleid, vielmehr im Ton drängender Neugier.

»Für immer?«, wiederholte Wenstan. Er überlegte – oder unterbrach sich vielleicht auch nur wegen seines Stotterns. »So lange dauert nichts.«

»Wo ist mein Umhang geblieben?«, hörte ich mich krächzen.

»Dieser Lumpen, den du getragen hast?«, sagte Wenstan hochmütig. »Der wurde seinem rechtmäßigen Besitzer zurückerstattet, genau wie das Geld.« Mit dem letzten Wort hatte Wenstan Schwierigkeiten. »Das Geld«, wiederholte er. »Die Münzen, die du gestohlen hast.«

»Ich habe nichts gestohlen«, sagte ich in meinem ritterhaftesten Ton, aber innerlich sank ich in mich zusammen.

»Der Nachtwächter«, sagte Wenstan. »Er hat den Beutel erkannt.«

18. Kapitel

Ich fand den Wasserbottich und trank in tiefen Zügen, Kelle um Kelle, bis Hubert dazwischentrat, um mich wegzuführen.

Nigel tat, als sähe er uns nicht. Er stand hinten am Ruder, die Hände in die Hüften gestemmt, ein Mann, der das Wetter zum Angriff herausforderte. Rannulf hingegen, der mit Miles an seiner Kampfausrüstung werkelte, sein Kurzschwert polierte und die Nähte seines Kettenhemds ölte, ersparte uns seinen Blick nicht. Die Seeleute mieden es, mich anzusehen, und ich kam mir vor wie Jona, der Mann, der so viel Unglück über seine Schiffsgenossen brachte, dass er einem riesigen Fisch zum Fraß vorgeworfen wurde.

Venedig war verschwunden. Im Norden türmte sich ein schwarzes Wolkengebirge. Das Schiff schlingerte. Die See bildete leise Hügel und Mulden, aber es erhoben sich keine Wogen und der Wind war erstorben. Die Luft war warm und mit einem fast schon süßlichen Fäulnisgeruch geschwängert, obwohl das nächste Land ein kaum sichtbarer Strich fern im Westen war.

Unsere Fracht bestand aus Schweinen und Pferden und genügend anderen Tieren, um einen Bauernhof zu bevölkern. Die fremden Rösser rollten die Augen und wieherten durch die geblähten Nüstern, hysterisch und gefährlich für jeden, der ihnen versehentlich zu nahe kam. Die Schweine waren phlegmatischer, aber nicht minder laut mit ihrem fragenden oder protestierenden Quieken. Ihr Geruch war bitter und stark.

Wir hatten auch ein paar neue Passagiere, darunter ein Kanoniker, der Pater Urbino hieß und die ganze Zeit einen Ledereimer neben sich stehen hatte. Er entleerte seinen Magen so regelmäßig, wie ein Schreiber den Federkiel in die Tinte tunkt. Der große, kräftige, blonde Mann hatte drei Ringe an den Fingern, einen aus roter Koralle, die zu einem frommen Bildnis geschnitten war, die anderen beiden aus Rotgold.

Es gab zwei Sorten Gottesmänner: gewöhnliche Priester, die fest an einem Ort lebten, und Wanderpriester, die frei umherziehen konnten. Diese Wanderpriester waren oft Scholaren und Söhne von Edelleuten, und so fühlte ich mich geehrt durch das freundliche Lächeln, mit dem mir Pater Urbino begegnete. Ein paar fränkische Ritter waren ebenfalls an Bord gekommen, gemeinsam mit ihren Knappen. Das Deck war ein wirres Durcheinander aus Proviantbeuteln und Lanzen.

Die Arbeit sollte unsere Strafe sein, aber ich war gern bei den Tieren. Hubert und ich kippten eimerweise Salzwasser über den Kot und Urin dieser blökenden, quiekenden Geschöpfe. Unsere eigenen Pferde, auch Shadow und Winter Star, hörten die neuen Tiere schnauben und stimmten in den Chor ein.

Die Seeleute schwangen große Holzhämmer, um Luken zu verschließen. Eimer und Schöpfkellen, Taue und Marleinen, alles Werkzeug und Stallzubehör, das nicht festgezurrt oder sicher verstaut war, verschwand im Laderaum,

der schon voll war von Mehl- und Hafersäcken und Heuballen.
Teils aus Ängstlichkeit wegen des düsteren Himmels und teils, um Nigels Laune zu erforschen, sagte ich: »Da kommt schweres Wetter.« Eine Ausdrucksweise, die mir seemännisch erschien.
Sir Nigel sah nicht her, lehnte am Dollbord und stutzte sich den Daumennagel mit einer kleinen, glänzenden Klinge. »Wie übel doch Schweine riechen«, sagte er über die Schulter zu Rannulf.
Rannulf sagte nichts, arbeitete weiter an seinem Schildriemen, in den er Öl einwalkte. Miles saß neben ihm und wetzte ein Messer mit Elfenbeingriff. In diesem Moment beneidete ich Miles, der in dasselbe dunkle Tuch gekleidet war wie Rannulf.
»Ich schulde Euch und allen auf diesem Schiff meine demütigste Reue und bitte Euch, in all meiner Unwürdigkeit, um Gnade.« Diese Rede hatte ich sorgsam vorbereitet. Ich kniete auf den Decksplanken nieder.
»Das Cape und der Beutel gehörten einem Neffen des Dogen«, sagte Nigel. »Der Fürst, der Herrscher von Venedig – seinem Neffen hast du das Silber genommen.«
Der Herzog hat den Welpen einer Hündin zum Neffen, wollte ich sagen. »Ich habe ihn für eine ganz andere Sorte Mann gehalten«, sagte ich.
Nigel hörte auf, seinen Daumennagel zu schneiden, und guckte so interessiert, als hätte ein Ochse ein Sprichwort von sich gegeben. »Du hast über einen Fürstensohn geurteilt und Mängel an ihm gefunden?«
Ich ermahnte mich, der perfekte Knappe zu sein – wenigstens in meinen Worten, wenn schon nicht in meinen Taten.

»Sie hätten dich in Ketten liegen lassen«, sagte Nigel, »aber Kapitän Sebastiano und ich haben sie überredet, einem irrenden Kreuzfahrer zu verzeihen.«

Pater Urbino wünschte mir in stark akzentgefärbtem Englisch einen guten Abend. »Sie fährt gut«, sagte er.
Die *Sant' Agnese* meinte er wohl. Er sprach so, wie ein Höhergestellter mit Menschen niedrigeren Standes redet, höflich, aber simpel. »Ja, Vater«, stimmte ich ihm zu, »sie fährt sehr gut.«
Pater Urbino sah sich um wie jemand, der einen Diener gewöhnt ist. Ich nahm ihm den Unrateimer aus der Hand und entleerte ihn übers Dollbord.
Tatsächlich machte das Schiff alles andere als gute Fahrt. Die Luft war drückend und das Schiff dümpelte und schaukelte langsam in der stumpfen See.
»Wir werden rechtzeitig kommen, um viele zu töten«, sagte Pater Urbino. Er machte eine drohende Stechbewegung mit einem imaginären Schwert. »Viele Heiden.«
Ich hatte mich oft gefragt, wie es wohl sein musste, eine Vorstellung vom Himmel zu haben. Hatten die Wesen in Gottes Umgebung Körper wie wir, oder bestanden sie aus Licht und Farbe? Ein Edelmann hätte einen Priester wie Pater Urbino fragen können und der gute Pater hätte Stunden darauf verwandt, ihm die himmlischen Heerscharen zu erläutern.
Ich schrubbte und spülte das Deck, wischte auf und streute dann trockenes Stroh.
Ich schwitzte wie ein Fiebernder, wie meine armen Eltern in ihren letzten Tagen. Es widerstrebte mir, tief zu atmen, denn die Luft war so ekelhaft süßlich wie brennender Schwefel.

Die See erschlaffte vollkommen, wie Zelttuch, das man am Boden ausbreitet, nur da und dort noch eine kleine wandernde Falte.
Winter Star wieherte und ich rief ihm beruhigende Worte zu. Die Pferde regten sich ab und zu in ihrem Holzverschlag und ein Schwein suchte leise eine Unterhaltung mit mir, in Schweinesprache, die fast menschlich klang.

Kurz nach Sonnenuntergang brach es los.
Eben noch hatten wir an Entenknochen genagt und Brot gekaut und süßen neuen Wein getrunken, während das Schiff still und ruhig im Wasser lag. Und dann geriet ein einzelnes Seil am Mast in Bewegung. Es löste sich am einen Ende und schwang zuckend hin und her.
Es ist nur dieses eine Seil, dachte ich, und gleich wird ein Seemann es wieder festknoten. Aber das blinde Seilende suchte und tastete, eine rastlose Schlange. Bestimmt, dachte ich, wird es jemand sehen. Bestimmt hat das gar nichts zu bedeuten, dieses eine ruhelose Ding auf einem unbewegten Meer.
Das Seil schwang, ziellos, aber unablässig, und im nächsten Augenblick gierte das Schiff und schoss gleichzeitig bergab. Es legte sich auf die Seite. Das Takelwerk heulte. Das Seil peitschte durchs Dunkel. Es traf einen Seemann am Kopf und der Mann fiel und trudelte über das nasse Deck. Ich ergriff das wild gewordene Seilende und hielt es fest. Ich rief um Hilfe. Als eine Woge über das Schiff hereinbrach, rettete mich nur das Seil in meinem Griff.
Zwei Seeleute kamen herbeigeeilt und umklammerten ebenfalls das Seilende und dann sah ich Miles ausrutschen, fallen und über das Deck schliddern, in das schäumende Speigatt und weiter, ins Meer.

Ein Dutzend Männer schrien. Das Heck des Schiffs schwang herum und die *Sant' Agnese* wankte, jetzt mit der Breitseite der Wucht des Sturms ausgesetzt. Schafe und Schweine krachten gegen ihre Pferche, Pferde polterten..

Seeleute kämpften sich zu ihren Posten, gebeugte Gestalten, gesichtslos im Dunkeln. Ich schlang die Arme um den Mast und klammerte mich fest. Jemand arbeitete sich an einer Mannleine auf mich zu. Es war Nigel. Er legte die Lippen an mein Ohr und schrie: »Hilf mit dem Ruder!« *Holp with the loof.*

»Miles ist weg!« schrie ich.

Ich hörte Nigel irgendetwas rufen, spürte seinen heißen Atem an meinem Ohr, konnte aber nichts verstehen.

»Miles ist im Wasser!«, schrie ich.

Über Nigels Gesicht strömte Wasser, Regen vermischt mit salziger Flüssigkeit.

Männer kämpften mit einem mächtigen Ruder, massiver als das normale Steuerruder, mühten sich, es durch die Dolle und ins Wasser zu manövrieren. Der Genuese schaffte es trotz seiner Größe nicht und die anderen Matrosen hievten und zerrten, ohnmächtig wie Äffchen.

Ich packte mit an und wir mühten uns alle gemeinsam, das Heck in den Wind zu steuern, während brodelndes Wasser auf das Schiff hereinstürzte und es zum Kentern zu bringen drohte. Als ich mit Anstrengung den Kopf drehte, sah ich Miles winken, verschwinden und wieder winken, näher jetzt, der Mund ein klaffender Spalt.

Später sagte ich mir, dass das nicht sein konnte. Es war zu dunkel und meine Augen brannten von Salz. Bestimmt war das auch nur eine Erscheinung, nur ein weiterer Schatten in unserem Kielwasser.

Außerdem, welche Spiere, welches Weinfass hätte ich ihm zuwerfen sollen? Das Deck war von allem geräumt, was nicht festgezurrt war, und während ich noch Miles' Namen rief, taumelte eine weitere Gestalt über Bord, ein Seemann. Ich war mir sicher, dass ein Seemann schwimmen konnte, und wollte ihm etwas Ermutigendes zurufen, aber meine Stimme war nur ein Schrei.

Eine Hand hob sich aus dem kochenden Wasser, wie die eines Bauern, der für ein Mutterschaf bietet.

In diesem letzten Augenblick dachte ich: Ich kenne dieses Gesicht, diese Schultern, diese emporgereckten Finger. Und dann war auch er verschwunden.

19. Kapitel

Wir wechselten uns am Sturmruder ab, wobei ich gemeinsam mit Nigel und Rannulf steuerte, die beide stärker waren als die meisten Seeleute. Woge um Woge rollte über uns hinweg und die *Sant' Agnese* wankte unter dem Gewicht.

Hubert tat mit den Übrigen Dienst am Ruder, aber er war nicht kräftig genug, um viel auszurichten.

Irgendwann im Lauf der langen Nacht brach einer der Tierpferche unter einer schweren Welle. Bretter und Eckpfosten flogen und ein Sternenhaufen zerstob im Wind – Hühner und Enten. Schafe rutschten durch die Gegend, mit den Beinen rudernd, kullernd, blökend, außer Stande, auf dem glitschigen, schwankenden Deck irgendeinen Halt zu finden.

Ich zitterte, packte mit starren Händen zu, wenn ich wieder mit Ruderdienst an der Reihe war, und endlich, bei Tagesanbruch, lüftete sich der Himmel. Fetzen von schwarzen Wolken hingen herab, der Sturm legte sich, Sonnenstrahlen bohrten sich durch das Grau.

Aber die See blieb schwer und schließlich waren nur noch Rannulf und ich am Ruder. Ich hielt es mit steinerner Entschlossenheit umklammert, aber Rannulf legte sich in die Ruderpinne, als ob er die Anstrengung genösse.

Ich wollte ihm mein Beileid zum Verlust seines Knappen bekunden, aber sein Gesicht war abweisend, sein Blick auf einen fernen Punkt gerichtet.

Pferde vergessen schnell.
Ein paar Stunden Sonne und ruhiger Wind und Winter Star akzeptierte mein Streicheln und einen Futtersack mit Hafer. Für Winter Star war nie etwas Beunruhigendes geschehen. Aber über die Hälfte unseres Lebendproviants war verschwunden und die Schweine quiekten fragend, als ich zwischen den Pferden herumging, forderten beharrlich meine Aufmerksamkeit. Ich tätschelte ihre borstigen, immer runder werdenden Körper, sah die Haut rosa und faltig unter den drahtigen weißbraunen Haaren. Die Schweine kauten Brotkrusten und Fischköpfe, zufrieden mit dem, was menschliche Mägen nicht hatten verkraften können.
Ich stellte fest, dass mir Miles' Kleider passten, wenn die Ärmel eingeschnitten und umnäht wurden, was einer der Seeleute gern übernahm. Ich wusste, dass ich die Sachen eines Toten trug, und hörte innerlich das Lied eines Toten, das Lied von dem Mann, der sich als Fuchs verkleidete, um sich näher an die Täubchen seiner Herrin heranschleichen zu können. Diese Lieder handeln so oft von Untreue, ermunterten den verheirateten Baron, mit einer Edelfrau von jenseits des Tals anzubandeln.
Ich trug Miles' Messer mit dem Elfenbeingriff. Die Klinge passte in eine Scheide, die Hubert mir gab, aus Stutenleder, ein Geschenk, dessen ich mich unwürdig fühlte.
Menschen vergessen nicht so schnell. Pater Urbino sprach in noblem Latein, betete für den Seelenfrieden unserer Brüder Miles de Neville und Matteo Mattei – der

hünenhafte Seemann aus Genua. Es war keine richtige Totenmesse, nur eine kurze Ansprache an den Himmel. Nur wenige Seeleute konnten sich dazu versammeln. Zwei hatten verrenkte Gelenke, von Stürzen während des Sturms. Ein paar hatten die Ruhr, schwarzes Wasser in den Gedärmen.

Pater Urbino war ein Gespenst, unrasiert, mit Schatten um die Augen, sein *Spiritui Sancto* dünn und zittrig.

»Wenn Ihr gestattet, Pater«, sagte ich und streckte die Hand aus. Ich ließ einen goldenen Ring in seine Hand fallen und als er verwundert darauf starrte, schloss ich seine Finger darum.

Gold ist sonnig und warm. Es läuft nicht über Nacht an und der Goldschmied braucht nur leicht mit dem Hammer zu klopfen, vermag sein Metall leicht zu schmelzen. Gold ist angenehm und gefällig, und aus all diesen Gründen mag ich Silber lieber.

»Er ist herabgefallen, Vater«, sagte ich. »Von Eurem Finger.«

»Meine Finger – sie sind über Nacht dünn und faltig geworden«, sagte er. »Vielen Dank!«

»Der Tag – das Wetter – wird jetzt gut werden«, sagte ich in der schlichten Sprache, in der wir mit Kindern reden oder mit Menschen, die nicht dieselbe Sprache haben wie wir.

»Gut für uns, schlecht für unsere Feinde«, sagte Pater Urbino.

Wenstan brachte kaum etwas heraus. Als ich den Arm um ihn legte, wandte er sich nur ab und starrte ins Kielwasser unseres Schiffs. Das Sturmruder war durch ein schlankeres Ruder ersetzt worden, das durchs Wasser schnitt wie ein Fleischermesser.

»Ich habe ihn wegen seiner Lieder beschimpft«, stotterte Wenstan. »Aber jetzt –« Er holte tief Luft. »Jetzt vermisse ich ihn wie einen Bruder.«
»Wir werden hundert Ungläubige töten, um ihn zu rächen«, antwortete ich.
Wenstan lächelte traurig.
»Erzählt mir von den Wundern des Heiligen Landes«, regte ich an, um ihn von seinem Schmerz abzulenken.
Er schüttelte den Kopf.
Ich drängte ihn weiter und er zuckte die Achseln. »In Jerusalem haben sie das Wahre Kreuz«, sagte Wenstan leise.
Ich beugte mich näher an ihn heran, um ihn verstehen zu können.
»Die Heiden haben es«, sagte er bedächtig, um sein Stottern im Zaum zu halten. »Und sie werden es den Christen nicht herausgeben. Das ist einer der Gründe, weshalb man uns dorthin gerufen hat.«
»Aber es gibt doch in England Stücke vom Heiligen Kreuz«, sagte ich, froh, ihn über ein heiteres Thema reden zu hören.
»Splitter, ja – aber das Kreuz selbst ist in Jerusalem, als Geisel in der Hand des Feindes.«
Eine Möwe jagte in unserem Kielwasser.

20. Kapitel

Am nächsten Morgen schreckte ich hoch.
Ich wusste nicht, wo ich mich befand. Der Strohsack knisterte unter mir und der Boden hob und senkte sich sanft.
Ich hatte geglaubt, wieder ein kleiner Junge zu sein, dazuliegen, während mein Vater draußen die Ziege versorgte und meine Mutter das Feuer mit Zweigen fütterte. Meine frühe Kindheit war vom warmen Duft von Holzsaft erfüllt gewesen.
An Deck lief ich von einer Seite auf die andere, sog das Sonnenlicht in mich auf. Der helle Lichtpenny am Himmel war nicht wie sonst golden – er war blau, wie feinstes, hammergetriebenes Silber. Ich lachte – das Meer war mit Inseln bestückt, fernen Hügeln auf dem glatten Wasserteppich.
Es war, als hätte eine Hand sie hingesetzt, sie alle für eine Geschichtenlektion aufgebaut, wie die geweihten Figuren, die Pater Joseph aufstellte, die Heiligen Drei Könige, die aus dem Morgenland angereist kamen, um vor Christus zu knien. In der Ferne trieb ein Boot in einem reglosen, glasigen Streifen Meer. Selbst von hier aus konnte ich die bräunliche Hand des Netzes erkennen, die ausgriff, herabsank, in der Tiefe verschwand.

Die Tierpferche waren wieder zusammengenagelt und -gezurrt und Winter Star wieherte, als er mich sah, nahm den Futtersack gierig an. Es hat etwas sehr Schönes, ein Pferd kauen zu hören, die kräftigen Zähne, die das gehaltvolle Korn genießen, das Knirschen, wie Schritte im Schnee.
Ich half den Seeleuten, die Planken mit Wasser zu übergießen, zu schrubben und zu wischen. Kaum je hatte mich eine so unerklärliche Freude erfüllt. Die Sonne war so warm, dass ich meinen Kittel durchschwitzte. Über allem hing der ätzende Geruch von Tierharn und noch ein anderer, schlimmerer Gestank, von der schwarzen Ruhr, einem Fieber, das seine Opfer verblüffend jäh überfiel. Der Schiffsarzt, der kleiner und schmächtiger war als die übrigen Seeleute, entleerte einen Unrateimer und eilte wieder zu seinen Patienten zurück.
»Heute werde ich das Schwert meistern!«, erklärte ich Hubert, als er bleich und gähnend auftauchte.
»Du führst es doch schon ganz gut«, log Hubert fröhlich.
»Ich fechte wie eine Milchmagd. Hol deinen Schild«, sagte ich. »Es sei denn, du bist krank.« Tatsächlich war sein Gesicht mit glänzendem Schweiß überzogen und er kniff die Augen gegen die Morgensonne zusammen.
»Mir tut alles weh, äußerlich und innerlich«, sagte Hubert und nahm einen Becher von einem der Schiffsdiener entgegen. Er trank Wein mit Wasser und sah aufs Meer hinaus. »Geht es dir gut?«, fragte Hubert.
Nigel und Wenstan standen mit Kapitän Sebastiano am Mast.
Der Kapitän hatte die Arme verschränkt und sagte nichts. Er zuckte die Achseln, verdrehte die Augen. Er hob resigniert die Hände.

Nigels Gesten wurden heftiger. Schließlich wandte er sich ab, den Mund zu einer Flüche spuckenden Grimasse verzogen. Rannulf zeigte nach Süden. Er gestikulierte gen Osten, das Inbild vernünftigen Argumentierens. Kapitän Sebastiano sah himmelwärts und seufzte bedauernd, außer Stande, auch nur ein Wort zu verstehen.

»Ich spieße seinen Kopf auf einen Speer«, sagte Nigel. »Und die Köpfe seiner gesamten Mannschaft dazu.«

Rannulf sagte leise etwas.

Der Gesichtsausdruck des Kapitäns war nachdenklich, nach innen gekehrt. Jetzt, nach dem Sturm, wirkte er ruhig, aber misstrauisch. Er gab ein Kommando und bloße Füße patschten heckwärts.

Ein Seemann erschien mit einer Pergamentrolle, die mit einer roten Kordel umschnürt war. Man löste Knoten, breitete die Karte auf dem Deck aus, beschwerte die Ecken mit Bleigewichten. Nigel kniete sich hin und streckte die Hand aus, aber der Kapitän hinderte ihn am Berühren der weinblauen und rahnenroten Formen, einer Karte der christlichen Welt.

Rannulf kniete sich ebenfalls hin und beide Ritter folgten dem Finger des Kapitäns mit den Augen. »Osten«, sagte der Kapitän. Er zeigte auf eine Stelle im leeren Meer. »Das Schiff«, sagte er.

»Ich verstehe nichts«, sagte Nigel. Er sah Rannulf an.

»Das ist eine Karte«, sagte Rannulf.

Ich sog die Pracht der Karte mit den Augen auf: in jeder Ecke ein Engel mit ausgebreiteten goldenen Flügeln. »Das da ist England!«, sagte ich.

Die beiden Ritter sahen mich überrascht an.

»Und da«, fuhr ich fort, »diese Stadt auf dem Hügel – das ist Jerusalem!«

»Der Wind«, vertraute mir Nigel an. »Der Wind hat uns weiter geweht, als wir dachten.«
»Sind wir vom Kurs abgekommen?«, fragte ich.
Nigel lächelte. »Sagen wir mal, es gibt böse Zufälle«, sagte er. »Und gute. Wir sind unserem Ziel schon viel näher, als wir dachten.«

Hubert zwängte seinen Kopf in den Helm und seinen Arm durch den Schildärmel. Der Helm quetschte sein Gesicht zu einer finsteren Miene und machte ihn fremd. Die Seeleute, die gesund genug waren, bauten sich am Dollbord auf. Ich wuchtete meine graue Stahlklinge in die Höhe und zerteilte die Luft.
Hubert forderte mich mit seinem sonnenfunkelnden Schwert heraus und ich führte einen mächtigen Hieb auf seinen Schild, dass die Klinge laut auf sein Kreuzfahrerzeichen krachte. Und setzte sofort noch einmal nach, spielerisch, aber doch entschlossen.
Hubert wankte, stieß ein kurzes, unbeeindrucktes Lachen aus. Ich schlug noch einmal zu und er wäre beinah zu Boden gegangen.
Seeleute feuerten uns an und klatschten. Die fränkischen Ritter und ihre Knappen lächelten unverbindlich: Jetzt kriegen wir also zu sehen, wie diese Engländer fechten.
Ich roch die warmen Pferdeleiber, das gärende Heu, die teerigen Taue, den sauren Wein. Ich roch das Meer, wie Schweiß und Eisen. Ich roch den Duft von Fisch, der irgendwo außer Sichtweite briet, und den Gestank des feuchten, beschmutzten Bettzeugs der Kranken.
Huberts Augen waren eine Lichtquelle, von innen her leuchtend, während er mich, Schild an Schild, zurückzudrängen suchte. Ein jäh explodierender Schmerz in mei-

nen Eingeweiden lähmte mich. Ich krümmte mich, konnte nicht mal mehr atmen.
Ich verdrehte den Hals, sicher, dass jemand hinterrücks mit einem Dolch auf mich eingestochen hatte, aber da war niemand und auch keine Wunde. Nigel öffnete den Mund, um etwas zu sagen, und der Himmel zitterte wie ein großes, blaues Tuch, das auf uns herabflatterte, um das Schiff zu verhüllen.
Ich richtete mich auf, keuchend, mit kalten, feuchten Händen, und brachte ein verlegenes Lachen hervor. Das Schwert war schwer und die Spitze kratzte über die Decksplanken.
Hubert zögerte und sah mich fragend an.
»Komm schon!«, rief ich.
Zaghaft tat Hubert einen halben Schritt vorwärts. Ein Schwein gab einen kehligen Laut von sich und ein anderes antwortete. Ein Pferd scheute im Verschlag, als ich einen mächtigen Hieb auf Huberts Schild landete.
Und ausrutschte.
Ich stand sofort wieder, aber meine Knie zitterten und heiße Flüssigkeit rann mir die Beine hinunter. Blut, dachte ich. Ich bin verwundet und blute!
Aber was ich roch, war der Gestank von Kot und Fieber und ich tat ein paar wacklige Schritte und zog eine wässrig braune Fußspur hinter mir her.

21. Kapitel

Süßer Malvasierwein in einem Holzbecher wurde mir an die Lippen gepresst und ein kalter Lappen wischte über mein Gesicht.

Ich glühte, stieß die Decken weg, weil ich keine Luft bekam. Und im nächsten Moment war mir eiskalt, durch und durch, bis in die Leber, und ich klapperte mit den Zähnen.

Pater Joseph hatte immer gesagt, alles Leiden und selbst die schmutzigste Krankheit sei eine Gabe Gottes. Ich wusste, dass der Himmel mir dieses Fieber geschickt hatte, als Mahnung, dass ich der Lehrling eines Münzfälschers war, selbst kaum besser als ein Dieb. Ich war ein gewöhnlicher Bursche, ohne guten Namen, der Schlacht um das Wahre Kreuz unwürdig.

Ich schlief – ein Gebrodel von Träumen. Im Unterdeck, wo ich lag, waren noch andere Kranke. Ich hörte sie stöhnen. Ihr Atem wurde langsam und dünn und dann kam das Rasseln, der verdorrte Kern des Lebens in ihrer Kehle. Einer setzte sich auf, rief *Santa Maria* an und verschied.

Der Schiffsarzt wrang den kalten Lappen aus und presste ihn auf meine Stirn. »Alles wird wieder gut«, sagte er in hölzernem Englisch, Worte, von denen ich wusste, dass er sie nur mechanisch wiederholte, ohne sie zu verstehen. Er war ein dünner, schwitzender Mann, außer Atem vom Herumhasten zwischen seinen Patienten.

Ich träumte, ich säße zu Hause, am Herd, und Elviva lachte, als ich ihr die Geschichte von der Füchsin erzählte, die mit dem Holzfäller redet. In der warmen, friedlichen Zuflucht des Traums sagte ich, ich hätte sie von einem Käsehändler gehört. Ihr Vater schmunzelte, als er Elviva lächeln sah, und Otto lachte und sagte, einem Käser dürfe man weder glauben noch trauen.
Es war nicht wie ein Traum. Es war wie einer jener Augenblicke, die es wirklich gegeben hatte, einer jener Abende, nach denen ich mich sehnte, Herdfeuer und Gespräche, während man einen Blasebalg flickt oder neues Bier trinkt. Regen, der aufs Strohdach pladdert, alles bestens, alles sicher.
Du hackst gegen die Faser der Eiche, hatte die Füchsin dem Mann erklärt. Dort im Feuerschein behauptete ich, wenn eine Füchsin spräche, dann von weit interessanteren Dingen. Dann spräche sie von der Liebe.
Jetzt konnte ich Elvivas grüne Augen sehen und ich verspürte großes Verlangen nach ihr.
Das Weib des Mönchs, so nennt man die Sorte Liebestraum, die den Schlafenden mit feuchter Wärme im Schoß zurücklässt. Ich wachte auf und der Traum von Elviva war schon verblasst, verschwunden.

Rannulf hockte neben mir, walkte Lederseife in sein Gurtzeug, polierte, arbeitete ausdauernd, Stunde um Stunde. Er rieb meine Schuhe mit Rindertalg ein und besserte die Säume meiner Kleider aus. Als unsere Blicke sich

trafen, verzogen sich seine vernarbten Lippen zu einem Lächeln.
»Es wird nicht mehr lange gehen«, sagte er.
Wie viele Tage und Nächte hatte ich so gefiebert? Ich öffnete den Mund, um ihn zu fragen, und er hielt mir einen Becher Wein an die Lippen. Der Duft stieg mir in die Nase, die erstaunliche Süße durchflutete mich und ich konnte nicht fragen.
»Es tut mir Leid«, flüsterte ich heiser.
Rannulfs Augen sagten: Was?
»Dass ich so ein unnützer Knappe bin.«
»Ein Knappe mit einem starken Arm«, entgegnete Rannulf, »einer, der eine Seekarte lesen kann – inwiefern bist du unnütz, Edmund?«

War es Morgen, fragte ich mich, oder früher Abend? Goldenes Licht drang durch die Planken in mein enges, schwitziges Dunkel. Bald, verspottete mich eine innere Stimme.
Bald schon Gebein, bald schon Staub.
Das Schiff war völlig still und es bewegte sich nicht. Selbst die Sterbenden waren weggeschafft worden. Kein Schritt droben an Deck, kein Lachen, kein Wort.
Wie dünn und zirpend meine Stimme war! Ich klang älter als Goodwife Anne, die hoch geachtete Witwe, die in einem Haus aus schwarzem Holz und weißem Weller wohnte. Mein Meister Otto hatte immer die Stimme erhoben, wenn er ihr einen guten Morgen wünschte, und sie hatte mit kaum hörbarer Stimme zurückgepiepst: »Euch auch einen guten Morgen!«
Ich schlich wie ein altes Weib. Sonnenschein drang in den muffigen Winkel und ich blinzelte, als mich das Him-

melslicht erfasste und blendete. Hände packten mich, Stimmen schrien auf mich ein.
»Komm heraus«, sagte Hubert. »Komm, Edmund, sieh dir das an!«
»Lasst ihm Zeit«, sagte Nigel.
Hubert zerrte mich hinauf. »Schnell, Edmund – komm!«
Ich wankte, aber Hubert hielt mich am Arm. Der Spätnachmittagshimmel war so hell, dass ich zusammenzuckte. Der ranzige Geruch meines eigenen Körpers unter der schweißdunklen Tunika umgab mich. Ich war doch nicht allein – alle lehnten schweigend überm Dollbord und starrten nach Osten.
Ich blinzelte, da mich der blaue Himmel und das goldfunkelnde Meer in die Augen stachen.
Eine Stadt aus Booten, Schiffen, Pinassen, Galeeren, Frachtseglern, Ruderbooten aus Häuten und Flechtwerk erstreckte sich in alle Richtungen.
Die Schiffe lagen vor Anker, die Küstenboote flitzten herum. Das Wasser war gekräuselt, jedes Heck spiegelte ein Lichtgekritzel.
Dahinter lag die Küste. Ein Ozean aus Zelten stieß ans Meer, Spitzdächer und Türmchen in allen Farben, buttergelb, stahlblau, und zwischen den bunten Behausungen die winzigen Gestalten von Fußsoldaten und Rittern.
Das Geräusch der Menge drang an unser Ohr: das Hämmern der Huf- und Waffenschmiede, das Husten, Fluchen und Murmeln des vieltausendköpfigen, Befehle befolgenden Heers. Die Armee der Christenheit umlagerte eine mächtige Festungsanlage mit Türmen und Wehrmauern aus grauem Stein, ergoss sich fast bis an die Festung heran, nur nicht auf einen kahlen, zerfurchten Streifen unmittelbar an den Mauern.

Und hinter dem Ganzen sah man die Hügel und Bäume, die Hänge und Schatten eines Königreichs, mit Vögeln und Weideflächen, sonnenversengten Pfaden und wolkenbeschatteten Feldern. Der entfernteste Hügel war so steinblau wie der Abend, der langsam von Osten heranzog. Kochfeuer flackerten auf, gesellten sich zu den Schmiedekohlen, von denen weiße Rauchsäulen über die mächtige Armee emporstiegen.

22. Kapitel

Der weiße Sand glitzerte, vom Wind zu sanften Formen geweht und von keinem Huf zertreten. Dazu glitzernde Kieselsteine, nicht rund wie Flusskiesel, sondern scharfkantig, in allen Schattierungen von Herbstgold. Wenn der Wind über die Dünen wehte, raschelte es wie bloße Füße, die durch Sommerroggen laufen.

Eine Woche war vergangen und ich fühlte mich wieder bei Kräften.

Jeder Atemzug war süß. Jedes Geräusch, ob von Mensch oder Tier, war faszinierend oder verheißungsvoll. Selbst die Brandungszungen auf dem Sand, weißer Bierschaum, der zitterte und dann in sich zusammenfiel, war in meinen Augen ein Wunder.

Hubert spielte mit seinen Zügeln, wartete, dass ich aufholte.

Wir lagen vor Akkon Festungsstadt an der Meeresküste. Die Heilige Stadt Jerusalem lag einen Tagesritt weiter östlich, aber der Feind hielt das ganze Gelände bis dorthin. Nigel hatte mir erklärt, dass wir zuerst Akkon einnehmen müssten und dann die Ehre haben würden, uns bis zum Heiligen Grab in Jerusalem durchzukämpfen.

»Wir reiten um die Wette«, sagte Hubert, »zu diesem kleinen schwarzen Punkt dort am Strand.«

Ich beschirmte meine Augen gegen die Mittagssonne. Ich konnte drei fränkische Ritter erkennen, die ihre Pferde auf dem breiten, abfallenden Strand bewegten, und einen Galeerenmast, der über Nacht angespült worden war, eine glänzend schwarze Spindel, in Takelwerk verwickelt. Reitet nicht so weit, hatte uns Nigel ermahnt.
Die große hölzerne Belagerungsmaschine wurde gerade repariert und am frühen Abend sollte es eine Demonstration der Stärke geben. Die Belagerungsmaschinen waren Türme aus Holz, die man über den Boden rollen konnte, bis an die Mauern des Feindes. Von der oberen Plattform der Belagerungsmaschine konnten Männer auf die Mauerkrone des Feindes hinübersteigen. Ich hatte jeden Tag mit dem Breitschwert geübt. Die Pferde zu bewegen war nicht nur Sport – Hubert und ich hatten all unsere Streitrösser strandauf und strandab geritten, damit sie sich austoben konnten, denn alle waren sie wildäugig und unberechenbar nach einer so langen Zeit auf See.
Aber der Gedanke an die bevorstehende Schlacht war beunruhigend. Sicher, ich wollte das aufregende Erlebnis, aber zugleich wollte ich, dass das Schlachtabenteuer bald begann und endete. Ich wollte, dass es vorbei war.
»Der kleine Fleck dort, wo die Möwen sitzen«, sagte Hubert.
Huberts Pferd Shadow tänzelte, war dann auf und davon. Sandschwaden, die die Hufe aufwirbelten, hingen im Wind, rieselten langsam zu Boden.
Winter Star trippelte seitwärts. Und dann rannte auch er los. Nach Tagen an Land noch immer bewegungsgierig, keilte er ins Leere aus, machte Bocksprünge, schnaubte. Er galoppierte eine Zeit lang gestreckt dahin und mein Haar wehte im Wind.

Und dann bog Winter Star plötzlich ab, jagte die Dünen hinauf, auf die Hügel zu, Sand aufschleudernd, bockend, tänzelnd –.

Er lief in die völlig falsche Richtung.

Ich zügelte ihn und wartete, bis Hubert auf seinem schweißfeuchten, schnaufenden Pferd bei mir angelangte. Winter Star und Shadow berochen sich, berührten sich. Trotz seiner feurigen Unberechenbarkeit wurde Winter Star erstaunlich gutmütig. Er biss jetzt meistens absichtlich daneben. Der einzige Mensch, den er seit unserer Ankunft vor Akkon getreten hatte, war Sir Guy de Renne.

Den fränkischen Streitern hatten sich jetzt andere zugesellt, eine kleine Schar Ritter und Knappen, die redeten und scherzten und das Spektakel von Akkon betrachteten.

»Der Fleck ist immer noch da«, sagte Hubert. »Vielleicht ist es ja ein Käse – die Möwen zanken sich darum.«

Manchmal schwemmte das Meer Frachtgüter an, die Schiffe über Bord geworfen hatten, um angreifenden Galeeren zu entkommen.

Die fränkischen Ritter sahen es noch nicht, ein kleines, rundes Ding genau am Rand des Wassers. Ich erriet schon, was es war, und wollte Hubert warnen, aber er war schon auf und davon und Winter Star schoss hinterher.

Unser Rennen hatte die Aufmerksamkeit der Franken erregt und sie beobachteten und kommentierten es und riefen spöttische Bemerkungen herüber.

Winter Star tat, was ich wollte, rannte mit aller Kraft, hielt, als ich es wollte, an und warf die Mähne. Konnte es sein, dachte ich, dass Winter Star vor diesen fränkischen Pferden angeben wollte?

Hubert rümpfte die Nase und zuerst dachte ich, er meinte die unflätigen Rufe und Pfiffe der Franken. Huberts Pferd atmete schwer. Eine Möwe hüpfte widerwillig ein Stück weg, musterte uns, flog dann den Strand entlang.
Ein verkohlter, augenloser Menschenkopf grinste himmelwärts.
»Ein Sarazene«, sagte ich, »von einer der Galeeren bei der Seeschlacht gestern Abend.«
Ich schwang mich von Winter Star, kniete mich hin und hielt mir die Nase zu.
Vier pisanische Galeeren hatten gestern Abend eine Kette von sarazenischen Kriegsschiffen durchbrochen, die Saladin postiert hatte, um König Richards Ankunft zu verhindern. Eins der muselmanischen Schiffe hatte Feuer gefangen und bis nach Mitternacht gebrannt.
Ich war ein bisschen benommen, noch immer von der Krankheit geschwächt. Aber ich hatte mich seit unserer Ankunft reichlich mit gebratenem Huhn und Perhuhn gestärkt, ganz abgesehen von den riesigen braunen Broträdern, die die Bäcker der Templer jeden Morgen buken. Das Brot war sandig und mit eingebackenen Insektenlarven durchsetzt, aber es schmeckte köstlich.
Der Kopf wimmelte von Fliegen. Ich streckte die Hand aus, packte den goldenen Ring, der an einem dunklen knorpeligen Wulst hing, den Überresten eines Ohrs. Ich zog. Der Kopf schien in die Gegenrichtung zu ziehen und ich kämpfte mit dem Knorpelzeug, drehte den glänzend goldenen Ohrreifen, bis er endlich herausflutschte.
Hufe donnerten näher und wir fanden uns umringt von lächelnden fränkischen Rittern, vier an der Zahl, jeder mit einem Knappen. Alle strahlten, entblößten die braunen, weinverfärbten Zähne. Der größte und breitschul-

trigste der Männer sprach mich auf Fränkisch an, streckte die Hand aus und machte mit den Fingern die weltweit gültige *Gib-her*-Bewegung.

Ich stand auf, verbeugte mich respektvoll und sagte: »Nein, mit Verlaub.« Da entfernten sich die Herren.

Jeder christliche Streiter im Lager war hohläugig. Diese Männer waren genau wie alle hier im Kreuzfahrerlager begierig, dass die Belagerungsmaschinen endlich ihr Werk vollbrächten und die Stadt sturmreif wäre. Oder vielleicht würde Saladin sein Heer von Osten heranführen und eine Schlacht erzwingen – was noch erstrebenswerter wäre. Stattdessen bewegten wir unsere Pferde, hielten ein Auge auf unsere Waffen und beteten, dass uns das Lagerfieber nicht ereilte.

Alle Engländer und viele Franken beteten jeden Abend, dass König Richard heil angelangte.

Plötzlich in der Ferne aufbrandendes Gebrüll ließ uns alle die Köpfe wenden. Selbst auf diese Entfernung konnten wir die Anfeuerungsrufe hören. Die Schleuder Gottes, das Katapult der englischen Kreuzfahrer, war nach einem zeitweiligen Mangel an geeigneten Felsbrocken wieder in Betrieb genommen worden und jetzt gespannt und bereit, ihr Geschoss loszulassen.

Als sich der ferne Stein aus der Wurfmaschine löste, stieg ein schwarzes Aschebröckchen empor und fiel dann langsam auf die turmgespickten Mauern zu.

Es traf und prallte ab, und wir warteten, dass uns das scharfe *Tock* des Aufschlags und der Jubel der Männer erreichte. Um sich nicht ausstechen zu lassen, schoss auch die Böse Nachbarin, das prachtvolle Katapult der Templer, einen Stein auf denselben Turm und wir hielten den Atem an, als dieses kleine, schwarze Sandkorn, ein Felsbrocken, den drei Männer auf das Katapult hatten hieven müssen, in die Luft stieg. Sein Flugbogen war herrlich, höher als alles, was das englische Standardkatapult je vollbringen konnte. Auch dieser Stein traf den Turm. Winzige schwarze Flöhe entlang des Turms schwangen Waffen. Aber ein Stückchen Turm – gewiss ein Brocken von der Größe eines Mannes – bröckelte und fiel heraus und nach einer ganzen Weile erreichte uns der Jubel der Kreuzfahrer.

Ich hatte damit gerechnet, dass das Heilige Land ein Ort der Wunder wäre, voll von Engeln an Quellen und Heiligen in Höhlen. Es war noch besser. Das hier war ein Land voll von wildem Thymian und Dattelpalmen, riesigen Bäumen mit holzigen Federbüschen statt Blättern. Bienen nippten am blühenden Unkraut und im Osten erstreckte sich das Auf und Ab waldloser Hügel. Die Flüsse waren dort, wo sie ins Meer mündeten, nur Rinnsale zwischen schwarzen Steinen.

Die Franken ritten mit uns ins Lager zurück, rempelten uns unverschämt an und baten mit übertriebener Höflichkeit um Verzeihung. Auf dem ganzen Weg durch das am Rand befindliche Frauenlager ignorierten die fränkischen Ritter die dunkelhaarigen Freudenweiber, das Dutzend lauter Stimmen, das uns einen guten Nachmittag wünschte, uns einlud, eine Weile zu bleiben. Gleichzeitig erklärten uns Waschweiber in vier verschiedenen Sprachen, wie schmutzig wir aussähen, so starke Männer, alles, was wir bräuchten, sei ein sauberes Unterhemd.

Das Feldlager war eine Stadt aus Zelttuch, mannshohen Zeltpflöcken und straff gespannten Seilen. Uns empfing der Geruch von Pferden, bratendem Rind und mensch-

lichem Gemeinschaftsleben – Fäkalien in der Latrinengrube, Schweiß von Handwerkern, die Holz- und Eisenhämmer schwangen, um eine der eichen- und zedernhölzernen Belagerungsmaschinen in Stand zu setzen.
Der Herzog von Burgund hatte Sir Guy de Renne zum Oberaufseher des Lagers bestimmt. Guy de Renne war ein Mann mit einer unglaublich aufrechten Haltung, umso erstaunlicher bei jemandem, der blitzschnell bald an diesem, bald an jenem Ort auftauchte. Jetzt lief er auf die fränkischen Ritter zu, schimpfte, wollte wissen, wo sie gewesen waren. Die Erklärung, die sie gaben, bewirkte, dass Sir Guy sich an uns wandte und in jener fränkischen Sprache, die ich allmählich nur zu gut verstand, sagte, Wettspiele unter Knaben seien ja schön und gut, zu Hause, bei unseren englischen Müttern.
Ein fränkischer Ritter sagte etwas und der Edelmann hörte aufmerksam zu.
Sir Guy war einer jener seltenen Männer, die zu jeder Tageszeit frisch rasiert aussehen und deren Schwertknauf immer blank poliert ist. Sir Guys Augen und Mund wurden rund, ein stummes *Oh!* Er streckte mir mit einem leisen Lächeln die hohle Hand hin.
»Das Gold, mein Hündchen«, sagte er. *L'or, mon petit chien.*
Ich war so groß wie der größte der fränkischen Ritter und Winter Star, der beeindruckend die Nüstern blähte, gehorchte mir auf die leiseste Berührung hin – wenn ich Glück hatte. Mein Meister Otto hatte ein paar Brocken Fränkisch gekonnt und ich kriegte zumindest den Klang annähernd hin.
Aber mir war klar, dass diese Männer erfahrene Kämpfer waren – und ich nicht.

Dennoch schloss ich die Faust fest um den goldenen Ohrring und versuchte, diese Ritter geringschätzig anzusehen. Sir Guy lächelte mich an, auf eine so kühle – so hochmütige – Art, dass ich innerlich in mich zusammenfiel.

Winter Star hatte ihm vor zwei Tagen versehentlich einen Hufhieb verpasst und ihm, wie Nigel gesagt hatte, »beinah das Hirn gespalten«. Aber Guy hatte keinen Augenblick das Bewusstsein verloren, hatte sich nur das Stroh und den Staub abgeklopft und war weitergegangen, als wäre nichts geschehen. Hubert war sich sicher, dass Guy niemals schlief oder Wasser ließ.

Ich fühlte mich wacklig, vielleicht immer noch ein Rest Schwindel von meiner Krankheit. Ich hielt den goldenen Ohrring hoch, ließ ihn in der Nachmittagssonne funkeln, in seiner ganzen reinen Vollkommenheit, bis auf einen kleinen Hauch von Schwarz, eine Spur von Sarazenenknorpel. Ich erfand etwas Fränkisch eigener Prägung, indem ich sagte, dieser Ring sei mein »nach dem Recht der Hand«, *le droit de main*, wenn ich auch im selben Atemzug um Verzeihung bat.

Mehrere Engländer hatten sich um uns geschart, Pikeniere, blasse Männer aus Dover, die kaum ein Wort irgendeiner christlichen Sprache verstanden. Und dann traten zwei Templer in die Mitte des kleinen Kreises, strenge, gleichmütige Männer, die keinen von uns ansahen und uns alle wortlos davonschickten. Die Templer und die Johanniter waren, wie jeder Christ wusste, Kriegerorden, Ritter, die die heiligen Gelübde abgelegt hatten. Sie sorgten für Ordnung im Lager.

Von einem fernen Teil des Lagers kam erwartungsvolles Gemurmel. Dann plötzlich Stille und ein leises Ächzen

von Leder und Holz, als die Böse Nachbarin sich dehnte und immer weiter dehnte.
Ein Peitschenknall, und ein Felsbrocken schwirrte himmelwärts, ein Geräusch wie von tausend Schwalben.
Stille. Ein Pferdeschweif schlug nach Fliegen.
Der Felsbrocken prallte, unter einem Regen von Mörtel und Steinfunken, von der Turmwand ab. Das Wurfgeschoss fiel herab, ein verschwommener, rotierender Schatten. Das Christenheer jubelte, aber nicht mehr so begeistert wie vorher.
»Noch vor Einbruch der Nacht«, sagte Hubert, »werde ich meinen ersten Ungläubigen töten.«

23. Kapitel

In den Stunden vor der Schlacht machten wir Wettspiele. Männer veranstalteten Ringkämpfe, wobei die Kräftigeren die Schlanken überwanden. Männer machten Wettläufe, wobei die kleinen, flinken die robusteren hinter sich ließen. Mein Lieblingswettspiel hieß »Schlag den Hahn« – ein Fuhrknecht bekam die Augen verbunden und schlug mit einer Ochsenpeitsche um sich, lachend, aber durchaus ernsthaft, und ein-zweimal versengte mir die knallende Peitschenschnur das Ohr. Hubert war noch wendiger als ich, ihm kam die Peitsche nie auch nur nahe. Das Heer liebte diese Spiele, vor allem die Knappen und die Gefolgssoldaten, aber als die Stunde der Schlacht näher rückte, wirkte unser Lachen zu laut, unser Grinsen zu fröhlich.

Rannulf war in seinem Zelt, rieb seinen Kettenpanzer mit Öl ein. Das war eigentlich meine Pflicht, jetzt, da ich sein Knappe war, und ich wurde schamrot. Ich beeilte mich zu erklären, warum wir so spät kamen, dass wir uns mit den Kämpfern ertüchtigt hätten. Ich erzählte ihm von dem goldenen Ohrring, legte ihn in seine Hand.

Rannulf hielt den Ohrreif in die Nachmittagssonne, die durch die Zeltklappe fiel. »Würfelspiele sind ihnen ver-

boten«, sagte Rannulf, »und die Lagerweiber sind hässlich, also sind sie auf der Suche nach englischen Knappen, um sie abzustechen oder Unzucht mit ihnen zu treiben.«
Wieder sang jenseits der Zeltstadt ein Katapult. Ein Sirren von gespanntem Leder und ein lauter Peitschenknall, dann das hörbare Zischen des emporsteigenden Felsbrockens.
Wir schwiegen beide, warteten. Ein Krachen und das gedämpfte Prasseln eines weiteren Stücks Mauerwerk, das zu Schotter zerbröselte.
Rannulf hielt den Kettenpanzer in der Form eines Mannes empor. Es gab ein hübsches, metallisches Klimpern, als Rannulf ihn in seinen Schoß fallen ließ. »Also haben unsere fränkischen Freunde beschlossen, weder ihren Stahl noch ihre Männlichkeit an euch zu erproben. Ein Glück für dich Edmund.
»Am Morgen wie am Nachmittag«, sagte ich, »strebe ich danach, meinen Herrn zufrieden zu stellen.« Das war eine Formel, ein Satz, den ich von Hubert gelernt hatte. Hubert erklärte, so hätten die großen Helden der Antike gesprochen, Achill und Hektor vor den Mauern Trojas.
Hubert hatte mit mir Fechten geübt, mit einem Schwert, das auf beiden Seiten und vorn stumpf war. Hubert hatte mir erklärt, wie man den Estoc benutzt, den Dolch zum Durchstoßen des Kettenpanzers, wenn der Feind verwundet am Boden lag. Er hatte mich Beinarbeit gelehrt und mich sogar zu überreden versucht, ein Bastardschwert zu benutzen, eine eineinhalbhändige Waffe, von der er glaubte, dass sie mir besser läge als ein Einhänder.
Rannulf dachte oft ziemlich lange nach, ehe er sprach. »Nimm dieses Ungetüm dort in der Lederhülle, Edmund. Schau, ob es dir gefällt.«

Eine Laus krabbelte flink über meinen Handrücken. Ich packte das winzige Geschöpf mit zwei Fingerspitzen und zerknackte es. Meine Achselhöhlen juckten unablässig und mein Nacken war wund vom Kratzen.

Das Ding, das aussah wie ein gegabelter Ast in einer Pferdelederscheide, lag auf Rannulfs messingbeschlagener Feldtruhe. Ich hob den schweren Gegenstand zögernd an, diensteifrig und neugierig, aber dennoch unwillig, ihn auszupacken.

»Das hat einem sächsischen Riesen gehört«, sagte Rannulf. »Nur zu, schau nicht so misstrauisch – meinst du, ich gebe dir einen Flaschenkürbis an einem Stock?«

Die Sachsen waren allesamt Riesen, bewehrt mit riesigen Waffen. Die schweren, bulligen Männer waren schlimm vom Schweißfieber ereilt worden, einer Krankheit, von der einem die Fingernägel ausfielen und die Lunge voll Blut lief. Die meisten Sachsen waren auf venezianischen Frachtschiffen nordwärts gebracht worden, nach Konstantinopel, ohne große Aussichten, die Seereise zu überleben.

Ich löste die Lederhülle.

»Ich hatte gehofft, Schwertkämpfer zu werden«, sagte ich, bevor ich mich bremsen konnte.

Ich starrte schockiert auf diese mächtige, bedrohliche Waffe. Auf einem Schaft aus schwarzem Eisen saß ein gewaltiger, blank polierter Hammerkopf.

Manchmal waren Rannulfs Augen voller Gefühl. Hätte ich schweigen sollen? »Damit kann ich nicht kämpfen.«

»Heb ihn hoch«, sagte Rannulf.

Ich packte den Schaft. »Ich werde lernen, mit dem Schwert zu kämpfen – nur noch ein wenig Übung«, protestierte ich.

»Weiter«, sagte er geduldig. »Heb ihn ganz hoch.«
Ich hievte den Hammer so weit hoch, dass der Kopf das Zelttuch berührte. Ich schwang ihn langsam im Kreis. Biss die Zähne zusammen und setzte alles daran zu zeigen, wie leicht das ging.
Und so schwer war der Hammer gar nicht.

An diesem Nachmittag lasen Priester die Messe. Der Teufel muss geheult haben beim Anblick von so viel Glauben, dort unterm hohen Wolkenzelt. Die ganze Zeit versuchte ich, nicht zu fühlen, was in mir war – schwelende Angst. Die Ritter sahen aus wie Fremde, selbst die, die ich gut kannte, in Kettenhemden bis über die Knie und wollenen Überkleidern, auf denen das Kreuz prangte.
Sir Guy de Renne war nach der Messe von einem inneren Strahlen erfüllt. Er sah zum Himmel empor, während er seine Panzerhandschuhe anzog und Finger um Finger zurechtzog.
»Eine Demonstration der Stärke?«, fragte Nigel. Kettenpanzer klimperten sachte, als sich andere Männer an uns vorbeidrängten.
»Hä?«, sagte Sir Guy und tat demonstrativ, als verstünde er kein Wort.
Nigel sagte ein paar Worte in mühsamem Fränkisch und Sir Guy lächelte väterlich. »Wir werden ihren Schlaf stören«, sagte er in Worten, die nur zu leicht zu übersetzen waren. »Wir werden ihre Frauen in Angst versetzen –«
»Wir werden alsbald einige von unseren Männern sterben sehen«, sagte Nigel.
»Hä?« Sir Guy rümpfte die Nase.
Die Ritter hielten sich zurück, überließen den Angriff zunächst den Fußsoldaten. Die Achsen einer Belagerungs-

maschine wurden mit Ochsentalg geschmiert und die Arbeiter traten fröhlich zur Seite, als Sir Nigel die Funktionstüchtigkeit des Holzturms prüfte. »Man könnte alte Weiber da hineinstellen und der Erfolg wäre der gleiche«, sagte Nigel.

Der Turm hatte bei mehreren Angriffen vor unserer Ankunft seinen Dienst getan, aber jedes Mal hatten die Verteidiger die Insassen der Belagerungsmaschine schneller getötet, als diese am oberen Ende aussteigen konnten. Bei seinem letzten Einsatz, vor drei Tagen, hatte der Turm Feuer gefangen, durch glühende Kohlen, die aus eisernen Becken herabgekippt worden waren. Die Kohlebecken rauchten auch jetzt auf der Mauerkrone.

Die Fußsoldaten, von denen nur wenige Englisch sprachen, standen erwartungsvoll da.

»Vorwärts«, rief Nigel mit demonstrativer Begeisterung. »An die Mauern!«

Die Fußsoldaten stemmten die Schultern gegen Rad und Achse und schoben mit aller Kraft. Der mächtige hölzerne Turm ächzte und wackelte leise, während Armbrustschützen bereitstanden, das fahrbare Bauwerk zu besteigen.

Wieder ächzte das Holz über die gesamte Höhe des Turms. Aber die Räder drehten sich nicht.

»Noch einmal!«, rief Nigel. »An die Mauern!«

Die Belagerungsmaschine ruckelte vorwärts, gewann dann Schwung und rollte schwankend über den unebenen Boden, unter den kehligen Anfeuerungsschreien des Heeres.

Ich redete mir beruhigend zu – das hier war eine Schlacht und ich war immer noch ziemlich lebendig. Mehr als lebendig – alle Farben leuchteten. Hubert war ebenfalls noch lebendig und atmete heftig, obwohl er still dastand. Die Brustwehr des Feindes waren dunkel von Männern und ein paar erste Steinschleudergeschosse pladderten nieder auf den Boden, loteten die Entfernung aus, trafen den Lederschutz der Männer, die die Belagerungsmaschine schoben. Alles hatte etwas Neckisches, Spielerisches, Traumartiges, die christlichen Angreifer ebenso wie die Verteidiger.

Ein Steinsplitter hüpfte bis dahin, wo wir standen, und Hubert hob ihn auf. Er warf ihn in Richtung Stadt zurück und ließ dann rasch die Hände sinken, als hätte er etwas Verbotenes getan.

Noch lebendig – der Gedanke in meinen Muskeln und Sehnen.

Ich wusste, Nigel hätte lieber auf die lang erwartete Ankunft König Richards von England gewartet. Aber der französische König Philipp und seine Landsleute, die teutonischen Ritter, die Templer und die Johanniter – die ganze vielsprachige Streitmacht –, alle waren es leid, zuzusehen, wie ihnen das Haar büschelweise ausfiel, ein Symptom des Fiebers, das sich durch das Lager fraß.

Mehrere Männer erklommen jetzt die Leiter im Inneren des Turms und die Belagerungsmaschine zitterte wie ein Lebewesen. Binnen Sekunden war die oberste Plattform mit Armbrustschützen bemannt, die zusätzlich noch Kurzschwerter trugen. Dutzende gemeiner Soldaten, im normalen Leben freigelassene Viehhirten und Waldleute, stemmten erneut die Schultern gegen die hölzernen Räder und der mächtige Turm rollte jetzt schneller über das kampfgeebnete Gelände.

Die starken Männer schoben, durch Schilde aus Holz und Leder vor den Verteidigern abgeschirmt, die Belagerungsmaschine an den Rand des kahlen Streifens entlang der Befestigungsmauern.

Soldaten weiter hinten, im Hauptheer, führten ein neues Kriegsgerät mit sich, etwas, was die Muselmanen noch nie gesehen hatten, eine Krallenleiter, die so genannte »Katze«. Es gab mehrere solcher langen Leitern mit speziell geformten Eisenhaken an den Enden.

Ein weiteres Steinschleudergeschoss sirrte durch die Reihen und traf einen Wasserträger. Der Junge hüpfte auf einem Bein, tat, als sei er verletzt, aber es war nicht nur Schauspielerei – er hatte wirklich Schmerzen. Eine Waffe, eine Maschine wie eine riesige Armbrust, katapultierte pfeifende Bleigeschosse hoch über die Stadtmauern.

Die Belagerungsmaschine holperte vorwärts und die Männer auf der obersten Plattform drehten sich um und winkten wie Stadtväter, die die Aussicht von einem Stadtturm genossen.

Die Verteidiger von Akkon höhnten und schrien Herausforderungen über das zerschundene, ebene Feld. Der flachgewalzte Streifen um die Stadt war breiter, als er aus der Ferne erschienen war. Als die Belagerungsmaschine über die nackte Erde rollte, brüllten Angreifer und Verteidiger so grimmige Drohungen, dass es schon fröhlich klang, so als ob ein harmloses Turnier, zur Erleichterung aller, endlich wieder aufgenommen würde.

Der Turm rollte jetzt schneller und die Räder quietschten und ratterten.

Rauchende Kohlen wirbelten durch die Luft und die Männer auf der Turmplattform erstickten die Glut mit Sand, trampelten systematisch darauf herum. Der Belagerungsturm war der Befestigung jetzt so nahe, dass sein Schatten auf die Verteidiger fiel.

Ein Pfeilregen ging auf den Turm nieder und dann stieß die Belagerungsmaschine, mit einem splittrigen Krachen, gegen die Mauer.
Jetzt hagelte es Steine, glühende Kohlen, Pfeile und Bolzen – die Geschosse der Armbrustschützen. Der Belagerungsturm erzitterte bis obenhin, da weitere Männer über den nackten Erdboden stürmten und sich gegenseitig wegrempelten, in ihrer wilden Hast, das hohle Bauwerk zu erklimmen.
Hubert und ich stolperten vorwärts, zu weit hinten in der Schlachtaufstellung, um direkt am Kampfgeschehen beteiligt zu sein. Die Leitertrupps krallten die Haken ihrer Geräte um die Mauerkrone und sackten dann unter dem Hagel von Steinen und Pfeilen zusammen, als ob sie müde wären und sich auf ein Schläfchen niederlegten.
Ein Schwall von dumpfem Lärm ließ die Luft erzittern: Stein auf Eisen, Speer auf Helm, Klingen, die bei jedem Hieb auf Metall oder hartes Leder trafen.
Auf dem Höhepunkt des Getümmels erstieg ein fränkischer Ritter von der Turmplattform aus die Mauer, so leicht, wie man von einem Boot auf einen Kai tritt. Er stand da, für alle sichtbar, in einer schmucken Rüstung und es hallte blechern, als Steine und Pfeile von seinem Helm mit dem flachen Helmdach sprangen.
Er hatte etwas von einer Frau oder einem Priester, in seinem Kettenhemd, das ihm fast bis auf die Knöchel hing. Er hob das Schwert wie um den Feind zu grüßen. Er stand auf der Mauerkrone, tat einen Schritt und wankte dann wie ein Ermatteter, während Speere und Mauersteine von seinem Helm abprallten.
Er taumelte in die steinerne Stadt.

24. Kapitel

Der Lärm war ohrenbetäubend – so viele Stimmen, dass ich kein Wort verstehen konnte.

Wir waren alle durstig. Männer in unserer Umgebung ließen Lederschläuche herumgehen, setzten sie vorsichtig an, um ja keinen Tropfen zu vergeuden, tranken dann selbstvergessen in vollen Zügen. Hubert und ich schrien laut, riefen das Heilige Grab, die Jungfrau Maria um Beistand an. Als ob dort innerhalb der Mauern jetzt, in diesem Moment, die Hände des Herrn ans Kreuz genagelt und seine Rippen durchbohrt würden.

Ritter tragen in der Schlacht eimerförmige Helme, manche oben rund, andere flach, aber Hubert und ich waren wie Fußsoldaten gekleidet, mit Kappen aus Eisen und Leder und Kettenpanzern bis ans Kinn, das Gesicht ungeschützt. Hubert war rot und schweißüberströmt von der Hitze und die kurze Panzerhaube presste seine Züge zu einer grimmigen Miene.

Das Gebrüll hielt an, ein einziger endloser Schrei der Angreifer, das unablässige Geheul der Verteidiger. Aber Letzteres war jetzt heiser, schrill und nicht mehr so laut. Armbrustbolzen schwirrten aus den Reihen der Kreuzfahrer empor, zersprangen an Stein oder bohrten sich manchmal auch in Fleisch. Als ich das erste Mal sah, wie

sich eins dieser Geschosse durch ein Handgelenk schraubte, zuckte ich zusammen und schloss die Augen. Aber schon bald sah ich Schlimmeres. Männer kletterten die Leitern hinauf, hielten inne, um ihre Helme zurechtzurücken, halb trunken von Wein. Steine und Pfeile prallten klirrend von Kreuzfahrerpanzern ab. Mann für Mann sackten die christlichen Streiter zusammen wie erschöpfte Arbeiter und stürzten entweder herab oder wurden blutend über die Schultern ihrer Gefährten abwärts gereicht. Als schließlich eine der neuen Krallenleitern von der Mauerkrone losgestemmt war, versuchten die Verteidiger sie von der Brustwehr wegzustoßen. Die Leiter war voller Kämpfer, die drohend ihre Waffen schwenkten und die Verteidiger verfluchten, während es diesen nicht gelang, das Gerät mit Stangen von der Mauer wegzuschieben. Das Ganze wirkte auf eine so bizarre Weise lächerlich, wie eine Markttagsschlägerei zwischen Nachbarn.
Schließlich beugte sich ein Ungläubiger mit leuchtend gelben Ärmeln und einem weißen Turban über die Brustwehr und stieß einen langen Speer in die Gesichter, die Wangen und Augen einiger Pikeniere, die daraufhin wie Vogelscheuchen herabtrudelten.
Das alles passierte so langsam und schwerfällig, eine Schlacht zwischen Bienen. Ab und zu trugen helfende Arme jemanden durch die Scharen der Bewaffneten, eine Gestalt mit scharlachrot überströmtem Gesicht. Hubert und ich entließen unsere Hahnenschreie in das allgemeine Getöse. Keiner von uns beiden war auch nur in der Nähe des Kampfgeschehens, aber beide waren wir leicht mit Blut gesprenkelt.

Rannulf stand in unserer Nähe und verfolgte das Getümmel mit der ruhigen Konzentration eines Falkners, der seinen Vogel beobachtet. Nigel war zu ihm getreten und sie beschirmten die Augen mit den Händen und schüttelten die Köpfe.
Viele der Pfeile und Bleibolzen, die durch die Luft sausten, waren Kreuzfahrergeschosse, die der Feind gehortet hatte und jetzt gegen uns verwandte. Ein schweres, pilzförmiges Geschoss riss neben Nigel den Boden auf und er gab ihm einen Fußtritt. Als sich ein katalanischer Knappe unter einem Pfeil wegduckte, lachte Nigel.
Der Klang der heiseren Schreie änderte sich, sank zu einem tieferen Grollen herab. Männer drehten sich um und schoben und dirigierten die Belagerungstürme langsam über den nunmehr mit Gegenständen übersäten Boden zurück. Die Verteidiger zeigten sich, schwenkten Speere in der Luft und ließen ihre leuchtenden Farben im bronzenen Licht der untergehenden Sonne wehen.
»Eine großartige Schlacht«, schnaubte Nigel.

Ich quetschte roten Tyruswein in Sir Rannulfs Becher. Wir saßen auf einem dicken Teppich, den Rannulf von einem Burgunder erworben hatte, dem er von einem Zyprioten verkauft worden war, der ihn aus einem Schiffswrack geborgen hatte. Eine tönerne Öllampe spendete ein heiteres, leicht rauchiges Licht, und der Teppich, ein Wunder an Farben, war leicht salz- und sandverkrustet.
»Ich habe Euch ein Täubchen aufgehoben, Sir Rannulf!«, stotterte Wenstan.
»Es hat einen flämischen Obolus gekostet«, sagte Nigel. »Nach zähem Handeln, aber mehr wollte Wenstan nicht bezahlen.«

Drei Tage war die Schlacht jetzt her. Tags und nachts war es zu heiß, um an eine Fortführung des Kampfes zu denken. Hubert und ich warteten Nigel auf, was hieß, dass wir kaum mehr taten, als in seinem Zelt herumzudösen und uns die Fliegen von den Augen zu wedeln. Wir aßen Templerbrot und tranken minderwertigen Wein, gerade noch gut für Knappen, ein Zeug, das schon fast zu Essig vergoren war. Unter meiner Tunika schwärte ein Hautausschlag und ich kratzte mich, bis ich blutete.

Rannulf spießte den goldbraunen Vogel auf ein Messer und hielt ihn ins Kerzenlicht. Er war noch stachlig von Federkielen und der winzige, verhutzelte Kopf baumelte herab. »Sind die Hühner schon weg?«

»Gegessen, allesamt. Ein Täubchen ist eine angemessene Speise für einen Ritter«, sagte Nigel. »Esst dieses Vögelchen, Rannulf, und beschwert Euch nicht.«

Rannulf riss einen Flügel ab. »Und die Schweine sind auch schon gegessen?«

»Ein sizilianischer Ritter hat sie unserem Kapitän abgekauft«, sagte Nigel. »Er hatte den Plan, nach dem Festmahl die Überreste zu verteilen und an unsere Pfeilspitzen kleben zu lassen, um Bestürzung unter den Muselmanen auszulösen.«

»Das würde sie allerdings entmutigen«, sagte Rannulf nachdenklich.

»Aber die Schweine sind an einer Viehpest gestorben«, erklärte Nigel.

Rannulf hatte eine Art, Nachrichten aufzunehmen, als hätte er sie schon die ganze Zeit erwartet. »Die fränkischen Ritter haben die Gefangenen verhört«, sagte Rannulf schließlich, während er Fleisch von einem feinen, rosa Knöchelchen pulte.

»Und ihnen hinterher die Zunge herausgeschnitten«, sagte Nigel, »darauf wette ich.«

Rannulf ließ den blanken Knochen fallen.

»Magere kleine Teufel, diese Akkoniter«, fuhr Nigel fort. »Erstaunlich, dass sie so kämpfen können.«

Rannulf stimmte ihm zu, wobei er das fränkische Wort *maigre* benutzte. »Und durstig. Nach Wasser, niemals nach Wein.«

Rannulf und Nigel erörterten die Unterminierungsstollen, die manchmal bei solchen Belagerungen gegraben wurden, unterirdische Gänge, die man unter die Mauern trieb und dann gezielt zum Einsturz brachte. »Aber das dauert zu lange«, schloss Nigel. »Die Festungsmauern wurden vor fünfzig Jahren auf Fels gebaut – von Christen. Bald werden wir uns zum Abendessen Läuse am Spieß braten.«

»Euer Knappe ist betrunken«, sagte Rannulf.

»Ausgeschlossen«, sagte Nigel und stupste Hubert mit dem Fuß.

»Ich lebe, um meinem Herrn zu dienen«, sagte Hubert schwerzüngig.

»Ich habe mir mal einen Maulwurf gebraten«, sagte Nigel. »Im Wald von Galtre. Mein Pferd lahmte. Es war dunkel und regnete und das blinde kleine Geschöpf zwängte sich aus seinem Loch. Ich habe es mit meinem Handschuh erschlagen, *klatsch*.«

»Mit einem Schlag?«, fragte Rannulf.

Beide Männer verstummten, als ein ferner Schrei ertönte. Nigel schüttelte den Kopf. »Die Weiber«, sagte er. »Zanken sich wieder.«

»Wir sollten den ganzen Zivilistentross mit der Peitsche verjagen«, sagte Rannulf.

»Die Weiber spenden uns Trost«, sagte Nigel. »Denjenigen unter uns, die Vergnügungen zu genießen wissen, Rannulf.«

Mehrmals pro Nacht weckte mich ein Schrei, ein fiebernder Verwundeter oder ein junger Wasserträger, der Albträume hatte. Das ganze Lager regte sich, hunderte von Männern, von dem Geräusch aus dem Schlaf gerissen.

25. Kapitel

Bald, beteten wir.
Bald schon würde der König von England den Fuß an dieses Ufer setzen.
Die Gerüchte blühten. Richard Löwenherz habe Kreta verlassen, mit einer Flotte von blau-gelben genuesischen Galeeren. Er sei nur noch eine Tagesreise entfernt, höchstens zwei, mit zwanzig Galeeren voller Lebendproviant und Korn. Er werde landen und sofort angreifen. Er werde die Stadt noch vor Mitternacht nehmen.
Gleichzeitig war da in mir eine teuflische Stimme: die Einflüsterung, dass der König vielleicht gar nicht kommen würde und dass ich, jetzt, da ich eine Schlacht mitgemacht hatte, nach Hause fahren könne.
Die Katapulte hämmerten morgens und dann am späten Nachmittag erneut auf die Mauern ein. Eines Abends zeigte sich ein Riss in einer der Mauern, ein Riss wie in einer Wolldecke. Kreuzfahrer-Bogenschützen und -Pikeniere stürmten mit Leitern los, nur um feststellen zu müssen, dass sarazenische Steinsetzer bereits an der Arbeit waren, wobei sie gleich einige ihrer Mauersteine auf unsere Soldaten schleuderten. Erneute Gefechte zwischen Traumwandlern und Handpuppenmännlein.

Hubert entwickelte eine verblüffende Fertigkeit – er konnte Leute imitieren. Im Schatten zwischen den Zelten pflegte er fröhlich »Wer bin ich?« zu zirpen und dann aufs Komischste Guy de Rennes aufrechte Haltung oder Nigels steifbeinigen Gang nachzuäffen.

Er hatte noch eine Gabe. Im Feuerschein erzeugte er mit den Händen die Schattenfigur eines Tiers auf dem Zelttuch. Ob Hund oder Schlange, jedes Tier, das Hubert hervorbrachte, hatte etwas Magisches. »Was soll das werden?«, fragte Nigel einmal und hockte sich dann hin um zuzugucken. »Eine Chimäre!«, sagte er verblüfft. »Halt deine Hände nochmal so! Eine waschechte Chimäre, oder ich bin eine Muttersau.«

»Eine Chimäre besteht aus dreierlei Leibern, Herr«, sagte Hubert und ließ dem Schattenriss Ohren wachsen. »Das da ist nur ein Rehbock. Mit einer langen Zunge.«

Ich machte auch einen Schattenriss, ein Reh. Die beiden Schattengeschöpfe glotzten sich an und Hubert und ich bogen uns vor Lachen.

Rannulf und ich ritten weit die Küste entlang, begleitet von den winzigen Gestalten sarazenischer Reiter, die ihre Pferde bewegten und uns im Auge behielten. Sie machten mich nervös.

»Wenn sie uns vom Lager abschneiden«, sagte Rannulf, »kannst du erleben, was kämpfen heißt.«

Rannulf trug eine Jagdlanze – er hatte gehört, dass einige wenige magere Löwen durch das Dornengesträuch des Heiligen Landes streiften. »Selbst ein Streitross würde beim Geruch einer großen Katze scheuen«, sagte Rannulf. »Es wäre schwer, auch nur ein Junges zu erlegen.«

Löwengeschichten hatten mich immer schon fasziniert.

Mein Meister Otto hatte mir erzählt, die Löwin werfe leblose Junge und der Löwe stehe über dem Wurf und erwecke ihn mit seinem Brüllen zum Leben.
»Gewiss hätte ein Bogen mehr Chancen, Herr.«
»Ein Pfeil mit Eisenspitze, ja, das stimmt, aber was ist mutig daran, mit einem Pfeil zu töten?«
Rannulf schnippte mit der Spitze seiner Waffe eine kleine gelbe Blume aus dem Sand und hielt sie in der Luft, indem er sie auf der Lanze tanzen ließ. Er spießte eine rosa Blume auf und stach nach einem wuchernden Malvengewächs. Als er schließlich einen Nagerbau entdeckte, ein kleines Loch im trockenen Erdboden, stieß er die Waffe hinein und hebelte den Boden auf. Die aufgerissene Erde verströmte einen angenehmen Duft, frisch und vergoren zugleich.
Ein winziges, rotbraunes Geschöpf flüchtete schließlich aus seinem zerstörten Heim. Rannulf stieß danach, so klein es auch war, und spielte damit, aber die Kreatur entkam lebend und, wie es schien, unversehrt.
Ich wagte die Bemerkung: »Alles eine Frage der Balance, Herr.«
Rannulf bedachte mich mit einem ausgedehnten Blick und ich schaute weg, studierte die lange, gerade Linie des Meeres.
Eine Fuchsfährte zog sich ein Bachufer entlang, feine Pfotenspuren und Kothäufchen, nicht größer als die eines Frettchens. Ein Schafsschädel grinste aus dem blühenden Unkraut und die vielen Köttel erzählten von Schäfern und einem Dorf, dessen Bewohner allesamt geflohen waren.
Ich war schon lange versucht gewesen, diese Frage zu stellen, aber erst jetzt platzte ich damit heraus: »Habt Ihr

wirklich fünf Männer getötet, Herr, bei dem berühmten Turnier von Josselin?«

»Mein alter Freund Thomas starb an einer zermalmten Hüfte und gebrochenem Rückgrat – sein Pferd rollte auf ihn, als meins mit ihm zusammenprallte. Ein reiner Unfall. Drei meiner Gegner, alles tapfere Männer, starben nach Monaten an verunreinigten Wunden, die anschwollen und schwarz wurden und –« Er zuckte so heftig die Achseln, dass sein leichter, lederner Jagdpanzer ächzte. »Einen habe ich auf dem Turnierplatz getötet, einen jungen Burschen, jünger als du – mein Pferd ist ihm auf die Brust getreten. Ich habe fünf Männer getötet und dennoch –« Er zuckte die Achseln.

Enttäuschte es mich, dass keiner dieser Toten durch sein Schwert gefallen war?

»Die Menschen sehen mich falsch«, sagte er ruhig. »Innerlich singe ich Lieder wie die, die Miles so geliebt hat, und bete ich auf meine Art zum Himmel. Nigel ist der mit dem inneren Hunger.«

»Hunger, Herr?«

»Ihn treibt dieses drängende Gelüst. Nach Frauen und nach Kampf.«

Jeden Morgen trotteten Hubert und ich hinunter ans Wasser, Treibholz und Muscheln unter den Füßen, und starrten zum Horizont, ob da etwas von König Richards Schiffen zu sehen wäre. Oft kroch in der Ferne eine sarazenische Galeere vorbei, die die Küste bewachte. Hubert und ich hatten bereits die ritterliche Abneigung gegen jegliche Fortbewegung zu Fuß übernommen. Bald schon, meinte Hubert, würde man uns gestatten, Sporen zu tragen, so wie die Ritter aus Aragon, die in indigoblau-goldenen Blusen herumsaßen und Rotwein tranken und ihre Sporenräder in der Sonne funkeln ließen.

Manchmal ritten Hubert und ich vom Lager aus südwärts, bis zu den Dünen, und wenn der Wind einen ausreichend hohen Hügel geformt hatte, konnten wir von dort aus im Osten Saladins Heer sehen, spitze Zeltdächer und wehende Banner.

Saladins Streifscharen patrouillierten jeden Tag durchs Gestrüpp. Sie riefen hinter unseren fränkischen Reitern her, die davonsprengten, ihre Pferde zügelten und dann wieder zurückpreschten. Die Sarazenen flohen nie hastig, ließen sich immer Zeit, und die Franken achteten sorgsam darauf, außer Bogenschussweite zu bleiben.

Hubert und ich parierten unsere schnaufenden Pferde. Heute waren wir weiter nach Süden geritten als sonst und die Flusssteine lagen verstreut vor uns, trocken und rau. Wasser glänzte im Schatten eines Baums, sickerte zwischen grünen Steinen dahin und an diesem Rinnsal kniete ein Sarazene, während sein Pferd trank.

Ein Pferd kann lange Zeit trinken, seinen Bauch Schluck um Schluck füllen. Ich finde das oft tröstlich, dieses satte, meditative Geräusch, während das Wasser in das warme Fass des Pferdeleibs emporsteigt. Der Ungläubige streichelte, leise lächelnd, den Hals des Tiers und erst als Winter Star ein lautes Pferdeniesen von sich gab, sah der Reiter her und erhob sich, ohne ein Zeichen der Angst oder auch nur Neugier.

Ich räusperte mich. »Ein angenehmer Nachmittag«, sagte ich unsicher.

Hubert sah mich aus dem Augenwinkel an.

»Und das hier«, fuhr ich fort, »ist ein friedliches Plätzchen, um einem Pferd Rast zu gönnen.«

Der Sarazene trug eine tiefgelbe Kopfbedeckung mit einer herabhängenden Tuchbahn hinten im Nacken. Er hatte einen dunklen Bart und seine Zähne leuchteten weiß, als er sprach.
Hubert saß angespannt im Sattel, wie eine Kirchenstatue. Ich machte eine bedauernde Geste: *Ich verstehe nichts.*
»Frankoman«, sagte der Sarazene. Er zeigte auf uns beide.
»Oh, nein!«, rief ich. »Keine Franken. Engländer. Zwei Engländer.«
Er zeigte fast alle seiner prächtigen Zähne. Engländer, Franken, sagte seine Geste, was macht das schon aus?
Er zog sein Ross sanft von dem Bächlein weg und zeigte aufs Wasser. Ob ich mein Pferd tränken wolle?
Hubert regte sich nicht, obwohl Shadow den Kopf hob und den Geruch des fremden Pferds einsog.
Ich zögerte. Wenn mir die Kehle durchgeschnitten würde, dachte ich, wie weh würde das tun?
Ich stieg ab und der Sand zwischen den Steinen knirschte leise unter meinen Füßen. Das Fleisch meines Halses, der Puls, der dort pochte – das war alles, woran ich denken konnte, während ich Winter Star zum Bach führte. Ich ließ ihn die Wasseroberfläche beriechen, wobei er die Mähne schüttelte, dass das Zaumzeug klimperte.
Der Sarazene war nicht so jung, wie er gewirkt hatte: ein Anflug von Grau in seinem Bart, eine Narbe wie ein roter Regenwurm auf seiner Schwerthand. Winter Star machte es kurz mit dem Trinken, schnupperte, scharrte mit dem Huf im Sand und betrachtete gebannt das Pferd des Sarazenen.
Der Sarazene sprach jetzt wieder und ich wusste, ohne die Worte zu verstehen, was er sagte.

Ich dankte ihm und sagte, sein Pferd sei auch prächtig. Ich setzte in deutlichem Englisch hinzu, das Pferd sei eigentlich, vor dem Gesetz, nicht meins. Es gehöre Sir Nigel, sagte ich, obwohl ich selbst der Knappe von –
Hufschlag näherte sich. Der Sarazene schwang sich blitzartig auf sein Pferd und rief seinen fernen Gefährten etwas zu.
Ich blieb stehen, wo ich stand.
Mehrere Reiter, dem Geräusch nach, die weiter flussaufwärts platschend durchs Wasser trabten.
Hubert riss Shadow herum und grub die Fersen so heftig in die Flanken des Tiers, dass es einen Satz tat. Hubert mühte sich, es lange genug im Zaum zu halten, um den Kopf drehen und mir etwas Gepresstes zurufen zu können.
Der Sarazene führte die Hand an die Stirn und sagte etwas. Sein Ton war gelassen, weniger freundlich jetzt, aber beruhigend. Er wünschte mir Lebewohl, ließ sein Pferd wie einen Damenzelter durch den Bach trippeln und preschte dann los, um seine Gefährten einzuholen.

»Er hätte dich vierteilen können, dich in Arme und Beine zerlegen und deinen Kopf auf eine Weidenrute spießen«, sagte Hubert.
»Hat er aber nicht getan«, erwiderte ich.
»Das war deine Chance, einem Heiden das Herz zu durchbohren«, sagte Hubert, »und ihr habt Höflichkeiten ausgetauscht wie zwei Hausfrauen auf dem Markt.«
»Er war ein Ritter ohne Arg«, zitierte ich ein Lied von einem Ritter vor dem Garten seiner Herrin, eins von Miles' Lieblingsliedern.
Hubert trieb sein Pferd vorwärts und ich folgte ihm nicht.

26. Kapitel

Ein Brunnen ist ein geschäftiger Ort.
Kein Ritter oder Knappe, Schreiber eines Edelmanns oder Priester würde beim Wasserholen gesehen werden wollen. Junge Trossknechte, Knaben noch, schleppten die Eimer und Wäscherinnen versammelten sich, scherzten und sangen in ihren fremden Sprachen.
Hubert beachtete mich gar nicht, verfolgte Ringkämpfe zwischen Fußsoldaten, übte sich mit ein paar provenzalischen Knappen im Schwertkampf. Ich trieb mich schließlich den ganzen Nachmittag und einen guten Teil des nächsten Tages am Brunnen herum und genoss die sanften Stimmen der Frauen.
Wenn eine Freundschaft plötzlich abbricht, ist das ein Schock, so schmerzhaft, wie wenn der Pflug auf eine Hauhechelwurzel trifft und den Pflüger bis ins Mark durchrüttelt. Ich tröstete mich damit, dass ich genauso gut ohne Hubert zurechtkäme, ohne seine penetrant fröhliche Stimme, seinen Eifer.
Aber das waren bittere Gedanken und es war Selbstbetrug.
Ich hatte noch nie eine solche Hitze erlebt, nicht einmal an den längsten Sommertagen. Kein Vogel sang und der Himmel verblasste, weil der Staub bis zum Scheitelpunkt

der blauen Kuppel emporstieg. Es ging das Gerücht, die Brunnen der Stadt Akkon seien leer bis hinab auf den schwarz bemoosten Grund.
Ich goss kühles Wasser in eine Schüssel, ein verbeultes Zinkgefäß. Ich wusch mir die Füße mit einem Lumpen, ließ Wasser über mein Gesicht rinnen.
»Du wäschst dir die Haut?«, sagte Nigel, als sein Schatten auf mich fiel.
Ich gab zu, dass das hier Wasser war und dass ich mich wusch.
»Das«, sagte Nigel, »kann nicht gut gehen.«
»Es ist heiß heute, mit Verlaub, Herr.«
»Ich kannte mal einen Büttel, der sich Hände und Füße wusch«, sagte Nigel. »Er hat sich eine Erkältung geholt, die sich auf die Lungen schlug, und ist dran gestorben.«
»Es kühlt das Blut, Herr.«
»Genau das sagt Hubert – dass dein Blut so kalt sei wie das einer Witwe.«
Ich klappte den Mund fest zu, entschlossen, kein Wort mehr zu sagen. »Wenn mein Blut so kühl ist, warum ist mir dann so heiß?«, hörte ich mich fragen.
»Du denkst wie ein Scholast, Edmund.«
Ich fuhr fort, den Lappen in kaltem Wasser zu spülen und meine Arme zu baden, obwohl es mir unter Nigels ablehnendem Blick keinen Spaß machte.
»Schmiede benutzen Wasser«, hörte ich mich zu meinem Erstaunen plappern, »um die Zange zu kühlen, Sir Nigel, und das rot glühende Eisen.«
Nigel setzte sich hin und stippte einen Finger ins Wasser. »Geh zu Hubert.«
Ich schrubbte mein Gesicht. »Wie mein Herr wünscht«, sagte ich.

Vor ein paar Tagen noch hätte Nigel gelacht, sein unwillkürliches, kehliges Lachen. Jetzt seufzte er und sagte nach einer langen Pause: »Rannulf hat Hubert beschimpft, er habe den Verstand eines Ferkels. Rannulf hat ihm erklärt, du und der Sarazenenreiter, ihr wärt von ähnlichem Schlag und du hättest dich in jeder Weise wie ein würdiger Recke verhalten.«

Ich spürte, wie ich errötete.

Nigel schwieg einen Augenblick, horchte auf irgendetwas in der Ferne. Als ich ansetzte, etwas zu sagen, hob er die Hand – *Pssst.*

Ein Blechblasinstrument ertönte, zuerst nur ein ersticktes Tröten – unsere Trompeter waren aus der Übung.

Dann ein reiner, güldener Ton.

Weitere Trompeten fielen ein, quer durch die ganze Zeltstadt. Eine Wäscherin eilte vom Brunnen weg. Ein junger Trossknecht trottete davon, zuerst vorsichtig, um kein Wasser zu verschütten, dann, als ihm das nicht gelang, eine Schwappspur hinterlassend.

Ich war aufgesprungen, wobei die Schüssel umgekippt war, sodass sich eine Wasserpfütze um meine Füße ausbreitete.

Wir rannten durch die Zeltstadt, zum Strand. Dort stieß ich auf Hubert und wir winkten und jubelten. Hubert und ich halfen Wenstan, ein Banner zu entrollen, einen scharlachroten Löwen. Und auch alle anderen Knappen entfalteten ihre Fahnen, die Löwen, die seidenen Drachen, und alle schrien wir gegen die Trompeten an.

Eine Flotte blau-gelber genuesischer Galeeren ritt auf der auflaufenden Flut, erwehrte sich eines sarazenischen Kriegsschiffs. »Zwanzig Stück!«, rief Hubert. »Dreißig – und schau, wie tief sie im Wasser liegen!«

Eine Flotte genuesischer Galeeren, die schwarzen Ruder in perfektem Rhythmus, rauschte von Norden heran. Die ersten Männer fielen auf die Knie. Der König konnte nicht weit sein.

Die Festungsstadt hinter uns schrie hoffend und bangend auf, als die sarazenischen Schiffe die genuesische Flotte attackierten. Schiffe stießen zusammen, ein durch Mark und Bein gehendes Krachen, mächtige, schwimmende Holzfässer, die splitternd kollidierten. Eine Christengaleere wurde vom Rammsporn eines Sarazenenschiffs an der Wasserlinie durchbohrt. Winzige Insektenwesen wimmelten hauend und stechend durcheinander, während die restlichen genuesischen Schiffe freikamen und durchbrachen, weißen Schaum um den Bug.

Den ganzen langen Tag kämpften sich genuesische Schiffe durch die Ketten der sarazenischen Angreifer und ein Christenschiff nach dem anderen warf gleich jenseits der Brandung Anker. Ein genuesisches Schiff geriet in Brand und die Spiegelung der Flammen war wunderschön, ein Teppich von Gold auf dem dunklen Wasser, während die Sonne sank.
Das Lager war taghell von Freudenfeuern, da man Treibholz, Masten und Planken am Strand aufgehäuft und angezündet hatte.
»Wie sieht der König aus?«, fragte ich.
»Er ist ein hoch gewachsener Mann«, sagte Hubert, »mit einem kraftvollen Gesicht. Ich werde ihn erkennen, sobald ich ihn sehe.«
Keiner von uns beiden hatte unseren Streit erwähnt: Er war vergessen. Ritter wateten von den Schiffen an Land,

durch die sanften Wellen, und jeder Einzelne fiel auf die Knie, sobald er den Strand erreichte. Die Templer mit ihren schwarz-weißen Wappenröcken waren als Einzige im Feuerschein leicht zu erkennen, während wir Übrigen mit unserer sonnenverbrannten Haut von Knechten nicht zu unterscheiden waren.

»Das ist er!«, rief Hubert, als ein rothaariger, kräftig gebauter Mann an Land taumelte und betend auf die Knie fiel. Der zottelhaarige Mann erhob sich und rief laut nach Wein, während er sich an seiner Kleidung zu schaffen machte. Er erleichterte sich ausgiebig in den Sand, ein Mann mit der Blase eines Hengsts.

»Das ist der Herzog von Ogilby«, sagte der Schreiber eines Edelmanns.

Diesem Herzog folgten eine ganze Reihe Ritter und Barone, einige völlig betrunken, andere nur halbtrunken und lautstark einen Schlauch Wein fordernd. Jeder kniete sich zum Gebet nieder, ehe er den Sand hinaufwankte, um einen Becher vom besten Tropfen entgegenzunehmen, den das Lager zu bieten hatte. Jeder der Männer pries Gott auf Fränkisch für die Errettung. Jeder pries die Heiligen und das Heilige Kreuz, während ihm die jeweiligen Knappen und Diener den Strand hinauf – und zwischen den Feuern hindurch ins Lager halfen.

Aber Huberts Gesicht wurde immer angespannter und mich überkam diegleiche unausgesprochene Angst – dass König Richard nicht bei dieser Flotte war, dass er noch gar nicht da war. Oder schlimmer noch – dass er überhaupt nie kommen würde und diese Feuer nur unsere Enttäuschung bescheinen würden.

»Das ist er!«, flüsterte Hubert, aber jedes Mal war es nur William von Foy oder Alfred de Point oder Godwin von

Shuckburgh. Oder ein weiterer William – von Dugdale oder Aston oder Essex. Da kam eine ganze Ladung Edelleute und Knappen, manche weniger betrunken als krank und deshalb wacklig auf den Beinen, manche vor Dankbarkeit weinend.

Vor ranzigem Fett spuckende Fackeln wurden entzündet und auf dem schwarzen Wasser spielte goldener und silberner Flammenschein. Alles, was stehen konnte, säumte den Strand und pries den Herrn, als schließlich eine große Galeere, ein dunkler Schatten, ihren Kiel knirschend in den sandigen Grund grub. Im Sternenlicht klatschte ein Anker ins Wasser.

Männer stiegen aus, schemenhafte Gestalten. Der Trupp von Rittern und Edelleuten marschierte gravitätisch durchs Wasser und trotz der Menschenmassen trat eine seltsame Stille ein – ein tausendfaches tiefes Luftholen.

Der Pulk von Männern in grauer und brauner normannischer Wolle stapfte an Land, nass bis an die Taille. Die Männer fielen auf die Knie.

Aller Augen richteten sich auf einen Mann, einen breitschultrigen, blondhaarigen Mann mit einem stämmigen, muskulösen Nacken und dem abwesenden Ausdruck inbrünstigen Dankgebets, tiefer Erschöpfung oder grüblerischer Versunkenheit. Er betete eine ganze Weile, während ein Heer von Männern im flackernden Feuerschein zusah. Er erhob sich, sah in die Runde wie ein Mann, der sich wundert, seine Diener so spät noch wach zu sehen. Er lächelte und sein Blick glitt über uns hinweg, streifte das Gesicht eines jeden Ritters oder Knappen.

Der König von England zog das Schwert. In dem Funkeln und dem tosenden Jubel konnten wir seine Worte nicht verstehen.

27. Kapitel

Gen Jerusalem.

Noch ehe unser Jubel verebbte, steckte König Richard sein Schwert mit einiger Mühe in die Scheide zurück und seine Leibwachen scharten sich dicht um ihn. Der König bewegte sich in Richtung Lager, unter dem Knacken und Sprühen der Feuer. Und als er vom Sand auf festen Boden trat, wankte er.

König Richard stützte sich schwer auf einen seiner Leibwächter und ging keinen Schritt weiter. Das Heer verstummte. Irgendetwas an unserem Lager missfiel dem König, dachten wir. Und schlimmer noch, als Philipp, der König von Frankreich, erschien, sackte Richard vornüber und seine Knie zitterten.

Der König von Frankreich wartete, während der König von England von seinen Männern aufgerichtet wurde.

Von Philipps königlicher Gegenwart hatten wir kaum etwas mitbekommen, da er seine Tage damit zugebracht hatte, zurückgezogen auf die Ankunft seines englischen Standesbruders zu warten. Jetzt hob der französische König an zu sprechen, irgendeine königliche Grußformel, aber König Richard krümmte sich stöhnend und seine Knie gaben nach.

Bei Tagesanbruch war es schon heiß.
Die Fußsoldaten stemmten die Schultern gegen ihre Wurfmaschinen, die Mangonellen, und die Armbrustschützen zählten ihre Bolzen.
Alle Soldaten, Florentiner und Bremer, Bordelaiser und Bretonen, gingen im erstarkenden Sonnenlicht mit neuer Zuversicht ans Werk. Die mächtigen Maschinen ächzten und schwankten zu einer vorher festgelegten Linie am Rand des kahlen Erdstreifens.
Die Maschinen begannen, ihre Geschosse zu schleudern, nicht auf die Türme voller aufmerksamer Wachen, nicht auf das von hundert Angriffen zerschundene und zernarbte Tor, nicht auf irgendwelche beliebigen Mauerstellen. Die Katapulte schossen auf einen einzigen Punkt – den großen, notdürftig geflickten Riss.
Treffer um Treffer ließ das neue Mauerwerk bröckeln, zermalmte Stein zu körnigem Geriesel. Die Baumeister der Stadt eilten hinter der Brustwehr herbei, gingen in Deckung, sobald ein Geschoss heranpfiff. Und nahmen ihre Posten wieder ein, sobald der Felsbrocken eine weitere Schwachstelle an der Spitze des Spalts hinterlassen hatte.
Die Arbeiter von Akkon hasteten umher und man sah ihre Köpfe mit den weißen Turbanen über der Brustwehr. Die Katapulte ächzten, stöhnten, verharrten, aufs Äußerste gedehnt. Und schnappten zurück, entsandten die Felsbrocken zu ihrem Ziel. Mauerwerk stob im Sonnenlicht empor, in Mehlschwaden verwandelt, zu Nichts zerbröselt. Den ganzen Tag wurde neuer gelber Lehmmörtel in den riesigen Riss geworfen, der sich nur noch tiefer die Mauerfront hinabzog.

Ein frisch angekommenes Windspiel schnürte nervös von Zelt zu Zelt. Ich streckte die Hand hinaus und die Nase des zitternden Hunds berührte meine Finger. Die Böse Nachbarin ächzte wie ein Schiff in schwerer See und verstummte dann – die gespannte Stille der schussbereiten Maschine, die einen Schauer der Erwartung auslöste.

Mit einem durchdringenden Knall rotierte der Felsbrocken empor, blieb dann hoch in der Luft stehen. Und verfiel in die Gegendrehung, eine anmutige Pirouette, bis er an die Mauer krachte.

Wenstan begann jetzt wieder zu singen, wenn er seinen Alltagspflichten nachging: Teppiche klopfen, die Diener instruieren, die Arbeit der Wäscherinnen kontrollieren. Zuerst summte er nur, das Lied von der Turteltaube, die sich nach der Liebe eines Falken verzehrt. Dann sang er ganze Strophen des Lieds über die Schlacht von Jericho.

Über eine Woche verließ König Richard sein Zelt nicht. Seine Leibwachen trugen lange Überkleider aus feiner Wolle über dunklen, feinmaschigen Kettenpanzern. Die Männer schwitzten in der Hitze, reglos, wenn Fliegen ihre Gesichter absuchten, obwohl keiner von ihnen still stehen bleiben konnte, wenn sich die grimmigen, hungrigen Insekten seinen Augen näherten.

Ärzte verließen das Zelt mit Proben vom wässrigen Stuhl des Königs und innerhalb des Heeres blühten die Gerüchte – der König sei schwarz von Beulen, der König sei durch ein Wechselfieber gelähmt, ein Engel mit einem Schwert aus Schlangen und grünem Feuer sei durchs Lager gewandelt und habe den Namen des Königs gerufen.

Tag um Tag pulverisierten die Böse Nachbarin und die Gottesschleuder die Mauern und Nacht um Nacht flickten die Maurer und Baumeister die Schadstellen. Das Streitross eines korsischen Edelmanns brach in der heißen Sonne zusammen und musste geschlachtet werden, worauf man sein Fleisch, Rippen und Keulen, über einem Feuer briet.

Die Streifscharen töteten einen sizilianischen Edelmann, der den Fehler begangen hatte, einem dreijährigen Pferd seinen Willen zu lassen und zu weit zu reiten, worauf er gerade noch ins Lager zurückgelangte, gespickt mit Pfeilen voller Widerhaken. Eines Morgens vor Sonnenaufgang hätte ein Sarazenentrupp beinahe unsere Pferde davongetrieben. Zwei Wachen wurden verwundet. Priester eilten in die Zelte der Männer, wo Ärzte deren Stöhnen zu dämpfen suchten. Die beiden Wachen starben noch vor Sonnenuntergang und Hubert sagte, die Speere der Sarazenen seien vergiftet und ihre Pfeile mit Widerhaken versehen, damit man sie nicht herausziehen könne.

Das Lager war mit Hingabe bei der Arbeit, niemand ruhte sich mehr im Schatten aus, die Schleifräder sangen, die Feuer der Feldschmiede glühten. In Akkon herrschte ebenfalls gespannte Konzentration, von den Wachen kamen keine provozierenden Rufe mehr.

Saladin verlegte seine Armee näher an uns heran. Die roten und blauen Zelte leuchteten satt in der Nachmittagssonne und die streifenden Sarazenen wagten sich jetzt näher heran, ritten unsere Schanzlinien entlang, zählten uns. Manchmal hielten zwei oder drei Reiter in Bogenschussweite an und sahen aufs Meer hinaus, als ob unsere Zelte und Pferde, unsere gesamte Armee, gar nicht mehr da wären.

28. Kapitel

Heidnische Männer begannen aus Akkon zu fliehen.
Ihre Silhouetten fielen regelrecht ein Seil herab oder kletterten vorsichtig hinunter. Die Fahnenflüchtigen scharten sich im Mondlicht zusammen und rannten dann los, bis in unser Lager.
Unsere Wachen warfen sie zu Boden, fesselten sie. Im Lager ging das Gerücht um, dass die Bewohner von Akkon bereits Sandalen kochten und Karrenholz kauten, wegen des nahrhaften Leims.

»Schau, was ich gefunden habe!«, flüsterte Hubert eines heißen Mittags. Die Böse Nachbarin legte gerade eine Ruhepause ein und der Staub über dem Lager setzte sich ab, eine dünne, weiße zweite Haut auf allem.
Ich wusch mir gerade Hände und Füße, ein Gewohnheit, von der ich nicht lassen konnte. Hubert hatte eine Kupferschale dabei und stellte sie in den Staub.
»Was meinst du, was ich hier habe?«, fragte er.
»Ein armseliges Stück Arbeit«, sagte ich. »Ich könnte mit geschlossenen Augen eine bessere Kupferschale schmieden.«
»Was ist da drin?«, sagte er und schob die Schale gerade eben aus meiner Reichweite.

»Ein Sarazenenohr«, vermutete ich.
Hubert stieß die Schale um und ein glänzend schwarzes Geschöpf, ganz Hakenleib und Scheren, glitt schräg durch den Staub. Ich starrte es neugierig an. Hubert lachte.
»Wenstan sagt, der Skorpion ist ein gutes Omen«, sagte Hubert.
»Omen wofür?«
»Der Skorpion sticht sich selbst tot – das weiß doch jeder.«
»Ich wette einen Penny«, erwiderte ich, »dass dein feiner Skorpion sich nicht selbst stechen wird.«
Die Kreatur zuckte, den Stachel emporgereckt, stach die Luft.
Skorpione und Spinnen, Vipern und Tausendfüßler wurden erschaffen, als Gott Adam und Eva aus dem Paradies vertrieb. Die Sonne brütet diese Biester aus Fäulnis aus, aus moderndem Holz oder Fleisch. In Gottes unschuldiger, sündloser Schöpfung gab es keine derartigen Kreaturen.
»Was bedeutet es«, fragte ich schließlich, »wenn der Skorpion nicht stirbt?«
Hubert trat auf den Skorpion, zermalmte ihn mit allem Druck.

Richard Löwenherz trat aus seinem Zelt.
Der König sah zum Himmel empor, als hätte er ihm befohlen zu bleiben, wo er war, und sah dann auf die Erde, als hätte er ihr die gleiche Order erteilt. Er nickte – alles war, wie es sein sollte. Sein Anblick weckte in mir eine Zuversicht, deren Fehlen mir gar nicht bewusst gewesen war.

Er inspizierte die Pferde, vom Huf bis zum Zaumzeug, und die Pferdeknechte, Achsmacher und Zimmerer. Er siebte das dahinschwindende Brotmehl durch seine Finger und musterte den Haufen von Steinschleudergeschossen, mit denen uns die Stadtbewohner eingedeckt hatten. Eines Nachts, lange vor unserer Ankunft, war einem sarazenischen Abgesandten die Haut abgezogen worden und diese prangte jetzt, ledrig und monströs, über einem hölzernen Rahmen. König Richard blieb vor diesem Lagerschmuck stehen und machte sich auf Fränkisch darüber lustig.

Das ganze Lager schmunzelte, als es von diesem Zwiegespräch zwischen der Haut des Abgesandten und dem König von England hörte. »Nun? Appetit auf ein Häppchen Schweinefleisch, Sir Haut?«, hatte der König gesagt. Irgendetwas an König Richard munterte die Männer auf und ließ die Lieder melodiöser klingen.

»Nun? Heute Morgen besserer Gesundheit, Sir Kotfladen?«, sagte Hubert lachend und wischte seinen Schuh ab.

Der Spalt in der Mauer verbreiterte sich und weitere Risse zogen sich nach beiden Seiten wie Zuflüsse eines Stroms. Leises Klirren drang an unser Ohr – Meißel von Steinmetzen, die fieberhaft neue Steine einpassten. Das Geräusch erinnerte mich an meine Kindheit, an Fuhrleute, die Steinbrocken abluden, während die Steinmetzgesellen das Burggerüst erklommen.

König Richard beobachtete die Katapulte bei der Arbeit und wies auf Schwachstellen im Mauerwerk hin, die noch weiter mürbe geschossen werden konnten. Die Mauer zersprang in Teile, die wie Brotkruste krümelten, fiel aber nicht. Jeder Treffer zersplitterte die bereits zerborstene Mauer weiter und die Männer von Akkon hatten es aufgegeben, Sand und Mörtel in die Risse zu füllen. Als König Richard von der Inspektion der Armbrustschützen zurückkehrte, fiel sein Blick auf mich, der ich mit dem Hammer übte, indem ich ihn in Kopfhöhe um mich herum schwang. Mir war es peinlich, mit einer so niederen Waffe gesehen zu werden, aber der König machte eine Bemerkung und seine Männer nickten lächelnd in meine Richtung.

Aller guter Wein war getrunken und selbst Sir Nigel musste sich mit einer dünnen, gelben Brühe aus Malta und einem eklig süßen Zeug aus Samos begnügen. Das Templerbrot war reicher denn je an eingebackenen Getreidekäfern, deren goldene Panzer wie Körner aussahen. Das Windspiel war verschwunden und einer der Männer des Königs erklärte, er werde demjenigen, der seine edle Hündin in den Kochtopf geschnetzelt habe, den rechten Arm abhacken.

Aber es gab kein Windhundragout – nicht in unserem Zelt. Wir hatten gar kein Fleisch, außer dann und wann einem ledrigen Pferdesteak. Schade, sagte Nigel, dass sich Pferde nicht von Fliegen ernähren können.

Manchmal weckten mich nachts die Wer-da-Rufe der Wachen und am nächsten Morgen erfuhren wir dann die Neuigkeit – es waren weitere Fahnenflüchtige aus Akkon gefangen genommen worden.

Abgesandte unseres Heers, ein Templer und drei von Richards Männern, ritten unter einem wehenden goldroten Sankt-Georgs-Banner davon. Sie verschwanden im Sarazenenlager, das im Osten den Blick auf den Horizont versperrte.

Bald, so glaubte unser Heerlager, würde das alles vorbei sein – die Stadt würde gewiss übergeben werden. »Sie werden nicht verhandeln«, sagte Hubert, »und gleichzeitig Krieg führen.«
Als Wenstan sang, während wir auf den Ausgang der Verhandlungen warteten, ging es in dem Lied um den Fluss Exe, der so wunderschön dahinfloss.
Die Emissäre kamen durch ein Meer aus flirrender Luft zurückgeritten. Sie führten etwas mit sich, aber wir konnten nicht erkennen, was. Als sie näher kamen, wurde deutlich, dass sie große, in Seidenbrokat gehüllte Schalen trugen. Als die Silberschalen enthüllt wurden, bestaunten wir die Haufen von Eis, die Pfirsiche und Pflaumen.
»Schnee«, sagte Nigel, »vom Hermongebirge.«
König Richard teilte die Früchte mit König Philipp, dem Herzog von Burgund, Guy de Renne und seiner eigenen Leibwache. Diese Männer aßen das Obst so, dass ihnen der Saft übers Kinn rann, und lachten wie kleine Jungen. Ein Tafelmeister des Königs ging zu einigen Auserwählten und überreichte ihnen eine Hand voll von dem sauberen Schnee. Rannulf bekam eine Portion und führte sie vorsichtig an sein Gesicht, wie die meisten Krieger misstrauisch gegenüber jeder Form von Waschen. Er bot mir ein Restchen glitzerndes Eis an und ich nahm es überrascht und dankbar.
»Saladin hat es abgelehnt, sich mit König Richard zu treffen«, sagte Rannulf. »Er sagt, es sei unklug, wenn sich Heerführer vor einer Schlacht besprächen.«
Diese Nachricht erfüllte mich mit Erregung und der Schnee in meinen Händen war bereits ein Pfützchen Wasser. König Richards Anwesenheit bedeutete, dass die eigentliche Schlacht bald beginnen würde, und diese Aus-

sicht bestürzte mich jetzt weit weniger. Mein Meister Otto hatte gesagt, manche Männer hätten so viel Glück, dass sie es durch ihre Poren ausschwitzten. In der Schlacht würden wir alle in der Nähe des Königs reiten wollen und ihm daher folgen.

Die Katapulte machten sich wieder ans Werk und ich half Rannulf in seinen Kettenpanzer, schnallte ihm seinen Schwertgurt um und polierte noch ein letztes Mal seinen Helm.

»Das wird keine Herausforderung für einen Ritter«, sagte Nigel, der zusah. »Hungrige Männer zu töten, dürfte nicht schwer sein«, erklärte er. »Aber wenn man seine besten Männer aufstellt und dann entschlossen gegen die Besten des Feindes anreitet – das ist eine wahre Lust, Edmund, und ich bete, dass wir das noch erleben.«

Meine Rüstung war jetzt auch vollständiger, mit einem schweren Kettenhemd bis an die Knie.

Eine einzelne Schwalbe schoss und kurvte durch die Luft. Der Himmel war blau und leer.

Trompeten erschallten, misstönend, weil die Münder der Trompeter trocken waren. Ich umfasste meinen Hammer und wir nahmen unsere Plätze in den Schlachtreihen ein. Der kahle Boden vor uns flirrte und schimmerte von Luftspiegelungen und die Stadt schwamm vibrierend unter der mächtigen Hitzeglocke des Himmels. Ein englischer Bannerträger brach zusammen und seine Gefährten beeilten sich, die Standarte hochzuhalten. Der Ohnmächtige wurde aus der Reihe gezogen und ich spürte die Ungeduld der Ritter, größer noch als die der Pikeniere, die der Schlacht zu Fuß harren mussten.

Schwarze Vögel mit ausladenden Schwingen kreisten hoch über uns. Als ich die Eisenbänder meines Helms berührte, verbrannten sie meine Finger.
Jähes Gebrüll und das Krachen von Eisen auf Leder und die Botschaft ging durch Reihen: Scharmützler aus Saladins Lager attackierten unsere Flanke. Ein dumpfer Schlag hallte durch die Armee, der Zusammenprall von Schilden.
»Sie wollen uns ablenken«, sagte Nigel. Er stieß ein trockenes Lachen hervor, fast wie ein Husten. »Und das machen sie gut.«
Die Katapulte arbeiteten unablässig.

Als die Mauer einbrach, war es, wie wenn sich ein mächtiges Buch aufblättert, mit dem satten Prasseln neuer Pergamentseiten. Staub stieg auf. Eine Armee von Heiden stand entblößt da – entfernte, winzige Männlein mit feinen, glitzernden Schwertern.
Bleibt, wo ihr seid, kam das Kommando.
Warten.

Ein Ziegenfellschlauch ging von Mann zu Mann und ich trank meinen Anteil sauren Weins. Der Befehl wanderte unsere Schlachtfront entlang, ein fränkisches Kommando, aber ich wusste, was es hieß. Wir würden vorrücken, wenn der König es tat, und nicht vorher.
König Richard führte uns an, eine stolpernde, krumme Linie von Rittern unter der sengenden Sonne.

29. Kapitel

Wenn da ein Kampfruf war, konnte ich ihn in dem ganzen übrigen Tumult nicht ausmachen.

Die Heidenarmee ergoss sich über den Mauerschutt. Es kam zum Zusammenprall und die Schlacht schien schon gewonnen, unsere Kämpfer mit den mächtigen, rechteckigen Langschilden gegen ihre kleinen Rundschilde.

Die leicht bewaffneten Sarazenen sanken um, Schilfhalme unter einer Flutwelle. Stahl glänzte scharlachrot.

Hubert und ich gehörten zur zweiten Angriffswelle, unmittelbar hinter den Rittern. Rannulf und Nigel waren irgendwo in der Flut von Kettenpanzern und Helmen, die auf die buntfarbenen Heiden einbrandete, sie zurückdrängte. Steine krachten von oben auf die Ritter herab. Wir hoben die Schilde und die Eisenbeschläge klapperten, als sich die Ränder überlappten.

Ein Hagelsturm prasselte auf uns ein – Pfeile, bleierne Wurfpfeile, Speere und Speerspitzen, Kiesel und Mauersteine. Der Schutt einer ganzen Stadt ergoss sich über uns, Türstürze, zerbrochene Tongefäße und riesige, zugemeißelte Ecksteine. Glühende Holzstücke und Kohlen zischten qualmend durch die flirrende Luft. Unsere Armee wurde zusammengedrängt, Atem aus Lungen gequetscht. Wir konnten nicht vorwärts und nicht zurück.

Ich stand auf etwas Kissenweichem und als ich hinabschaute, sah ich eine leuchtend blaue Bluse, einen Bart und einen Ohrring, blitzende Zähne. Ehe ich prüfen konnte, ob der Mann noch lebte und nur verwundet oder ohnmächtig war, brandete die Armee wieder vorwärts. Ich redete mir ein, nicht zu hören, wie ein Dutzend Füße die blaue Bluse in den Erdboden trampelten.
Der Ritter vor mir wurde von dem Gedränge aufrecht gehalten, aber aus seinem Helm sickerte Flüssigkeit. Wir erklommen einen Schutthaufen, rutschend, krabbelnd, über scharfkantige Steine, von der Sonne geblendet.
Meine Vergangenheit, meine Zukunft bestanden aus diesem atemlosen Geklettere. Die Steine waren schlüpfrig von roter Suppe und herausgebrochenen Zähnen. Ich hörte – oder spürte – einen Schrei und streckte den Arm hinter mich, um Hubert meinen Hammerkopf hinzuhalten.
Er packte das Eisen und ich zog ihn empor und über einen zerklüfteten Brocken von schwarzem Fels.
Kreuzritter hieben mit den Schwertern um sich, jeder einzelne bemüht, sich etwas Platz zu erkämpfen. Die eigentliche Gefahr drohte von den Flanken her: Pfeile und Bolzen rissen die Wolltuniken über unseren Kettenpanzern auf.
Rannulf schlitzte einem Sarazenenhünen das Gesicht auf. Entlang der gesamten Linie sackten Christenritter zu Boden, wenn ein Stein, so groß wie ein Osterlaib, eine Schulter zerschmetterte oder einen Helm zerquetschte.
Der einzige Schlachtruf, den ich heraushören konnte, war das hohe Geheul der Muselmanen. Die Halbmondschwerter sichelten Stücke aus den Körpern der verwundeten Ritter, die in die Reihen der Sarazenen taumelten.

Ein Signal ging durch die Scharen der Verteidiger. Eben noch hatten sie sich vorsichtig gewehrt, den Gegenangriff gescheut. Jetzt stürmten sie auf uns los.

Ich traf einen leuchtend roten, runden Schild mit meinem Hammer, brachte einen Sarazenen zu Fall und ehe ich nachdenken konnte, trat ich auf ihn ein, brüllend und grimmig.

Hubert schlug mit seinem Breitschwert einen Krummsäbel aus einer Faust, rutschte aber in einer Blutlache aus. Ich trat vor ihn, schirmte ihn mit meinem Körper ab. Ich schrie ohne Worte und der Laut zerriss mir die Kehle. Ich stieß mit dem Kopf meines Hammers auf Huberts Angreifer ein und der Mann hieb mit seinem Sichelschwert um sich. Ich stieß ihm meine Waffe mitten in den Bart und er fiel rückwärts.

Jemand hieb auf den Kettenpanzer an meinem Hals, dass der Stahl über die Eisenringe ratschte. Der Schlag war so wuchtig, dass ich keine Farbe mehr sah, das ganze Blut und die Banner von einem Augenblick auf den nächsten grau waren.

In meinem Mund war ein galliger Geschmack – meine Leber, der Sitz des Mutes, erfüllte mich mit Zorn. Ich wuchtete meinen Schild empor, um den nächsten Hieb abzuwehren. Mein Gegner kniff vor Anstrengung die Augen zusammen, ein Mann mit hennarotem Bart. Er änderte seine Taktik, zielte jetzt auf mein Gesicht, meine Augen. Ich hob den Hammer.

Ich schlug mit voller Kraft zu und der Mann war weg.

30. Kapitel

Stille.

Die Stadt Akkon war halb von gelbem Rauch verhüllt.

Nicht nur hier, auf diesem schuttübersäten Feld, herrschte Stille. Die ganze Erde war betäubt.

Keine absolute Stille – eine Fliege summte, in einem Weinkrug gefangen. Ein bretonischer Streiter flüsterte einem Priester ins Ohr.

Stunden waren vergangen. Unser Heer hatte sich zurückgezogen und die Sarazenen hatten uns nachgesetzt. Unsere Pikeniere hatten sich zu einer dichten Reihe formiert und waren auf die schutzlosen, außerhalb ihrer Mauern stehenden Sarazenen eingestürmt. Unsere Bogenschützen hatten ihre Köcher geleert. Als die Heiden sich ihrerseits in provozierender Absicht zurückgezogen hatten, war niemand von uns darauf hereingefallen. So lange her.

Ich bewegte die Arme, hob den Kopf, ganz langsam. Ich trank aus einer braunen, kordelumwickelten Kürbisflasche mit Wasser verdünnten Wein. Ich hatte nicht den Atem, weiter zu trinken. Ich lag am Boden, unfähig, die Beine zu bewegen. Jeder Atemzug war ätzend, eine Lunge voll Staub. Husten kostete zu viel Kraft.

Um mich herum lag eine ganze Armee, tausende von Männern, zuckend von tödlichen Wunden. Wasserträger

gingen mittendrin ihrer Arbeit nach und Freudenweiber suchten ihre Favoriten, kühlten Stirnen mit essigwassergetränkten Lappen.
Die Stadt Akkon lag da wie immer, die Bresche in der Mauer im Dunst kaum erkennbar. Der Boden zwischen uns und den Mauern war dicht mit Leichen und zerfetzten Panzern übersät.
Große schwarze Vögel saßen auf dem Schlachtfeld verstreut und Sarazenen wie Christen suchten unter den Toten und stießen laute Rufe aus, wenn noch ein Atmender entdeckt worden war. Feldschmiede und ihre Lehrlinge waren auf der Jagd, arbeiteten sich durch die Massen verstreuten Kriegsgeräts.
Ein Mann hockte sich neben mich. Ein Ritter. Sein dunkles Kettenhemd war weiß von Staub. Er war bärtig, sein Mund durch eine blaue Narbe entstellt.
»Edmund?«, sagte Rannulf heiser.
»Herr«, flüsterte ich.
Rannulf rief einer Trossmagd etwas zu und sie eilte mit einer schwappenden Lederflasche voll Essig herbei. Rannulf drückte ein Tuch aus und wischte mir das Gesicht.
Ich versuchte zu protestieren, aber er befahl mir, den Mund zu halten.
Eine zweite staub- und dreckverkrustete Gestalt näherte sich und kniete nieder.
»Du hast diesem Ungläubigen den Arm halb durchgehauen, Edmund«, sagte Huberts heisere Stimme. »Den Knochen zerschmettert!«
Ich brachte ein trockenes Krächzen hervor.
Hubert war nahezu unkenntlich, das Gesicht eine Maske aus Mauerstaub und Asche. Ich hustete. »Haben sie dir etwas getan, Hubert?«, hörte ich meine Stimme fragen.

Hubert lachte matt. Er klang alt, uralt. »Nein«, sagte er rau. Erst nach einer ganzen Weile sprach er weiter. »Ich habe hart gekämpft und einen oder zwei verwundet.«
Ich wollte etwas zu Rannulf sagen, aber der Ritter wandte den Blick zu Hubert und wieder zu mir. Er schüttelte leise den Kopf.
Ein Fremder humpelte vorbei, das Gesicht so dunkel wie eine Kastanie. »Sie wollen Verhandlungen«, sagte Nigels Krächzstimme.
Ein kleiner Trupp Sarazenenkrieger stieg vorsichtig über den Schutt, ein hellblaues Banner schwenkend – wie Hausdiener, die ein windgetrocknetes Laken hereinholen.
»Wie habt Ihr's geschafft, Euch Schwertraum zu schaffen«, fragte Rannulf Nigel. »Zustoßen und parieren, in dem Gedränge?«
Nigel sagte: »Es war ein Fehler, es überhaupt zu versuchen. Ich habe mehr mit den Händen und Ellbogen gearbeitet als mit der Klinge.«

Diener arbeiteten sich über das Schlachtfeld wie Fronknechte bei der Ernte, während die Verhandlungen auf einem geräumten Stück stattfanden, unter einem weinroten Baldachin. Sir Guy de Renne saß im Schneidersitz neben einem der fahnenflüchtigen Heiden aus der Stadt. Der Heide saß vorgebeugt, eine Hand vor sich, in der altehrwürdigen Pose des Dolmetschers. Das Dunkel verdichtete sich. Bald wurde Beleuchtung notwendig, rauchende Öllampen, die flackerten und zischten und den Geruch von Olivenöl verbreiteten.

Hubert schrie in der Nacht auf und ich streckte den Arm aus, um ihn an der Schulter zu rütteln. Er setzte sich kerzengerade auf, fuchtelte wild mit dem Arm und starrte im Zelt umher. Als ich etwas sagte, hörte er mich nicht.
Ich träumte nichts.

Die Verhandlungen gingen die ganze Nacht hindurch, aber als der Morgen kam, wurden sie unterbrochen. Der Baldachin flatterte im leichten Wind, ein luxuriöses Stoffdach mit sonnengelben Fransen und darunter, auf dem Boden, goldbraune Kissen. Das Schlachtfeld war jetzt geräumt, völlig leer, und nur ein einsamer Hund streunte noch dort herum.
Der Hund beobachtete ängstlich und mit dem Hauch eines Schwanzwedelns, wie unser Lager erwachte. Ein einzelner Bogenschütze ohne Kettenhemd und Helm, hinkend und mit zerzaustem Haar, wurde auf das Feld beordert und fackelte nicht lange, schoss einen Pfeil ab und erlegte den Hund. Noch am Vortag hätte er Johlen oder Lachen geerntet, aber jetzt gab niemand einen Laut von sich.
Nigel breitete ein Tuch von sattem Indigoblau aus. Kein englischer Färber hätte ein so dunkles Blau zu Stande gebracht, keine Näherin den ganzen Rand mit so vollkommenen Troddeln bestücken können.
»Geschenke der wohlhabenden Bewohner von Akkon«, sagte Nigel. »Ist es nicht wunderbar, dass sie so großzügig aufgelegt sind!«, ergänzte er mit einer Ironie, die schon fast wie Mitgefühl klang.
Sonnenlicht brach sich in einem Fingerring, grüner Jaspis, hervorragende Handwerksarbeit. Gold und edles Silber glänzten inmitten der farbenfrohen Sammlung von

Fußspangen und Turbantüchern. Auch Kupfer war da in Mengen und eine Legierung von Zinn und Silber, hübsch anzusehende Ringe und Armreifen.

Sir Guy de Renne nahm seinen Platz unter dem Baldachin wieder ein und ein Templer setzte sich neben ihn. Die Unterhändler der Stadt gesellten sich zu ihnen und selbst auf die Entfernung war deutlich erkennbar, dass Sir Guy de Renne sie im Namen König Richards und der Edelleute empfing.

Schiffe kamen an, noch mehr Weizen aus Genua, meckernde Ziegen, Hühner, die an ihren Käfigwänden scharrten. Männer rollten Fässer durch den Sand, aus deren Fugen Rotwein sickerte. Schmiede arbeiteten inmitten von blauem Rauch, besserten schartige Schwertklingen aus, setzten neuen Stahl in Schwertgriffe ein.
König Richard spazierte unter uns herum und trank Wein aus einem Pokal, der mit Beryll und kleinen Rubinen besetzt war – prunkvolle Steine, das Lösegeld eines Ritters wert, aber, wie mein Meister Otto gesagt hätte, »nichts für die Hand«. Ich wünschte, ich könnte dem König einen Becher machen, ihn eigenhändig schmieden und auf Richards Tafel stellen.
Alles trank eimerweise Wein, während die Verhandlungen weiterliefen. Pferdeledereimer, Ziegenfellschläuche, Bronzekübel, rötliche Kürbisflaschen, alle erdenklichen Gefäße, wurden bis zum Überlaufen mit Rotem gefüllt und in Kreuzfahrerkehlen entleert. Männer fielen um, erschlagen von der Hitze und den ungewohnten Weinmengen. Weiße Hühnerfedern schwebten im heißen Wind. Zuerst meckerte noch ein ganzer Chor von Ziegen

und Ziegenlämmern. Der Lärm wurde weniger, halbierte sich, legte sich schließlich bis auf ein paar fragende Meckerlaute. Dann verstummten auch die letzten Zicklein. Kochfeuerrauch stieg über dem Lager auf.
Männer aßen wortlos. Sie leckten sich heißes Fett von den Fingern. Männer gaben sich mit geschlossenen Augen Ziegensteaks und Zickleinkeulen hin, unterbrachen das Kauen nur, um noch mehr Wein zu trinken, wobei die rote Flüssigkeit auf den Boden pladderte. Die Esserei der Fußsoldaten hatte etwas Rauschhaftes.
Als ich mit vollem Bauch dasaß, spürte ich, wie jemand neben mir stehen blieb. Es war Pater Urbino, dünn und sonnenverbrannt, die Wimpern weiß von Staub.
Der Priester legte mir die Hand auf den Arm.
»Du hast geholfen, die Feinde des Herrn zu töten«, sagte er mit seinem starken paduanischen Akzent.
Ich nickte.
»Freu dich, Edmund!«, sagte er lächelnd.

Ich versicherte mir, dass ich viel zu erschöpft sei, um irgendetwas zu fühlen, und wenn sich mir das Bild eines zertrampelten Körpers, einer Blutlache in den Kopf drängte, schob ich es weg – vielleicht weil ich ahnte, dass ich noch Schlimmeres sehen würde.

31. Kapitel

Aus einiger gewissen Entfernung klangen die Scharmützel wie das Getobe einer Jungenhorde in einem Bach – das Klacken von Steinen, das aufgeregte Geschrei, die Spottrufe.

Ein Lederschild kollidierte mit einem Kriegshammer und barst. Ein Pferd quittierte den Schock mehrerer Bolzentreffer mit einem Geräusch wie von einem Blasebalg, da alle Luft in einem einzigen mächtigen Schauder aus seinem Körper entwich.

Bei den Überfällen, die Saladins Reitertrupps auf unsere Wachen verübten, verlor der Falkner des Burgunderherzogs einen Arm – glatt abgetrennt durch einen einzigen Streich einer Damaszenerklinge. Ein paar Pikeniere durchbohrten dem Pferd des heidnischen Angreifers die Eingeweide, wenn auch der Reiter selbst zu Fuß entkam. Einer der Männer des Herzogs trug den Arm, in zinnoberrote Seide gehüllt, ins Lager zurück.

Die Verhandlungen vor der Stadt gingen weiter, trotz aller Bemühungen Saladins, beide Parteien abzulenken – die Stadtväter von Akkon ebenso wie das Christenheer. Man sah, wie Sir Guy de Renne sich vorbeugte und ausholend gestikulierte. Fast alle Unterhändler lagerten auf Kissen, erschöpft oder entspannt. Christliche Proviant-

meister zogen mit Packpferden in die Stadt und man sah Männer aus König Richards Stab auf den Stadtmauern herumgehen, prüfend stehen bleiben, Listen anfertigen. Packpferde kamen in langen Reihen durch die Stadttore heraus, mit schweren, in bunte Teppiche gewickelten Lasten.
Ein Geier schwebte auf seinen eigenen Schatten herab und als er landete, brauchte er ein Weilchen, um seine Schwingen zu falten.
Der Vogel erhob sich schließlich wieder, gerade eben über den Boden, flog dann eine leichte Aufwärtskurve und kreiste majestätisch über dem Schutt der Stadtmauern, sodass sein Schatten auf den Verhandlungsbaldachin fiel. Ein sarazenischer Bogenschütze trat aus dem Schatten des Baldachins und strich Harz auf seine Bogensehne. Ein leises Wort von einem der Sarazenenführer und der Pfeil wanderte wieder in den Köcher, der Vogel blieb unversehrt.

Nigel achtete sorgsam darauf, sich jeden Morgen zu rasieren, mit einem blinkendem Rasiermesser aus Cordoba-Stahl und einem Spiegel aus glänzendem Metall. Er rieb sich Rosenessenz auf die Wangen und trug Ärmel aus feiner, gekämmter, himmelblauer Wolle. Das häuslich-schmuddlige Äußere hatte er jetzt, da wir im Krieg waren, abgelegt, und Rannulf war zwar nachlässig, was sein Haar und seinen Bart anging, aber sein Kettenpanzer glänzte. Als Rannulf mir winkte, ihm zu folgen, tat ich es, und er passierte die Männer des Königs ohne Schwierigkeiten, sprach mit einem bretonischen Wächter in einem nuschligen Mischmasch aus Fränkisch und Englisch und betrat eins der Zelte.

»Der Schatz von Akkon«, sagte Rannulf. Wachen, hoch gewachsene Männer mit hübschen, buttergelben Ledergürteln und goldenen Schließen, nickten meinem Ritter zu.

Rannulf nahm einen Lederhelm, der mit blassrosa Perlen besetzt war. Ich inspizierte ein Amulett mit Goldeinlegearbeiten in tiefschwarzem Emaille. Jeder Sporn, jede silberne Hochzeitshalskette war ein Mitgiftstück oder das Geschenk einer Mutter an ihre jungfräuliche Tochter. Selbst ein Paar Schuhe war aufs Kunstvollste gefertigt, aus feinem Leder, so weich, dass es von meiner Hand herabhing wie Seide.

»Wir machen eine Bestandsliste«, sagte der Kämmerer des Königs in steifem, lang gezogenem Englisch. »Jeder Haushalt, jeder Hausherr und jede Jungfer, muss sämtliche Truhen öffnen. Der König wünscht nicht betrogen zu werden.«

Bedienstete des Kämmerers sortierten die Schätze, trennten das Leder von der Seide, die edlen Einlegearbeiten von den schmucklosen Dingen. Weitere Teppiche voller Reichtümer trafen ein und wurden auf den wachsenden Haufen von Waffen und Tafelgeschirr, Kleidung und Schmuck entleert.

»Das sind seltene, kostbare Steine«, sagte Rannulf leise voller Bewunderung.

»Mein Meister Otto kannte sich mit so etwas aus. Dieses glasig grüne Wachtelei dort, das ist ein Smaragd, oder ich bin ein Heide. Und das da ist ein Amethyst«, sagte ich und zeigte auf einen mit lila Steinen besetzten Armreifen.

»Die kommen aus dem Fernen Osten«, sagte Rannulf.

»Und dieser glasklare Stein, der aussieht wie ein Stern. Ich habe keine Ahnung, was –«

»Ein Diamant«, sagte Rannulf. »So einen habe ich schon mal gesehen, am Finger eines Maurenritters, bei einem großen Turnier in der Provence. Was man nicht kennt, ist schwer zu bewerten. Ich muss mir überlegen, wie ich den König auf ziemende Weise beraten kann, sonst wird er all diese prächtigen Stücke in einem großen Topf einschmelzen und zu Barren gießen lassen.«
»Das wäre eine Sünde!«, sagte ich entsetzt.
»Oh, König Richard ist ein großer Sünder«, sagte Rannulf.

32. Kapitel

Die Gefangenen trafen ein.
Die ganze Festungsbesatzung und die meisten Einwohner von Akkon ergossen sich in unser Lager. Ohne ihre bunte Kleidung, ihre Turbane und Schwertgurte wirkten sie kleiner und schmalgesichtig vor Hunger. Diese Krieger waren jetzt nur noch eine lange, müde dahinkriechende Schlange von ganz gewöhnlichen Menschen, schweigend, mit gesenkten Augen. Einige hatten Familie, Frauen, die sich an ihre Männer drängten, stumpfäugige, stumme Kinder.
Den Befehlen ihrer eigenen Kommandeure folgend, trotteten diese Krieger auf ein abgesperrtes Geländestück zwischen unserem Lager und dem Strand.
Diese Fläche war mühsam geräumt worden und etliche Männer in priesterlichen Gewändern debattierten mit den Wachen des Königs, verärgert, weil sie ihre Zeltpflöcke ausreißen mussten. Sie würden gezwungen, so argumentierten sie, in eine entfernte Ecke des Lagers umzuziehen, nur damit »diese Armee von gotteslästernden Ratten« einen sicheren Platz hätte, um ihre Hintern niederzulassen.
Fußsoldaten standen dabei, voll und ganz auf Seiten der Priester, spuckend und leise fluchend.

Nigel sah zu, wie sich die matten Verteidiger von Akkon Schulter an Schulter hinsetzten. Ein Säugling begann zu schreien.
»Wie werden sie sich ernähren?«, fragte Hubert.
»Durch den Mund«, sagte Nigel, »genau wie du und ich.«

Ich betrat die Stadt durch das Haupttor, an Huberts Seite. Die klaffende Bresche in der Mauer, der Haufen zerschmetterter Steine, das alles wirkte von drinnen noch viel zerstörter.
Die Festung von Akkon war nach den ersten Kreuzzügen, Jahrzehnte vor meiner Geburt, von den Franken erbaut worden. Die Nachricht von der Einnahme dieser stolzen Zitadelle durch die Heiden hatte in den Häusern der Christenheit Bestürzung ausgelöst. Die berühmten Bogengänge und Gewölbe der Festungsanlage verschlugen mir die Sprache. Narben von Schwalbennestern sprenkelten die Bogenschwünge hoch über uns. Die geweihten Stätten waren mit Wollteppichen übersät und mit Blattgoldsymbolen des Heidenglaubens überzogen.
Christliche Priester und ihre Helfer mühten sich auch jetzt, die Kirchen von dieser Schändung zu reinigen, Teppiche zusammenzurollen, sauberes Stroh auszustreuen. Ein lateinisches Gebet schwang sich durch den Wechsel von Sonne und Schatten, inbrünstige *In nomines*, um den Satan aus den Kirchenschiffen auszutreiben. Die Luft duftete nach Weihrauch.
Die Seitengassen waren nackt und kahl, da alles, was auch nur den geringsten Wert hatte, jeder Türzug und jeder Fenstervorhang, längst mitgenommen worden war. In einigen steingepflasterten Gässchen feierten fränkische

Knappen und Fußsoldaten: bloße, pumpende Hinterteile auf den mageren Körpern heidnischer Frauen.
Wenn mich dieser Anblick für einen Moment schockierte, beschleunigte ich lediglich meinen Schritt. Die Toten waren im tiefen Schatten einer Gasse aufgereiht. Eine Frau mit einem dunklen Kopftuch sah zu uns auf, das Gesicht tränenverschmiert. Sie verfluchte uns – der Sinn ihrer Worte war unmissverständlich.
Hubert zockelte hinter mir her, bemerkte die Frau gar nicht. Er hob zerstreut einen Stein auf, einen hübschen Halbquarz, der wohl das Haus irgendeines reichen Mannes geziert hatte.
Ich sah die Abfolge der Impulse in Huberts Innerem: Er konnte den Stein werfen, wohin er wollte, auf jedes tote Ding oder Lebewesen. Oder ihn behalten. Die Stimme der Frau unterbrach Huberts Gedanken, forderte ihn auf, herzukommen und ihr mit dem Stein den Schädel einzuschlagen.
Hubert legte den Stein behutsam wieder hin. »Eine wahrhaft stolze Stadt«, sagte er, ohne auf die Frau zu achten, die uns jetzt schreiend und weinend folgte. Wir ignorierten sie demonstrativ, stiegen Treppen hinauf, eilten die Brustwehr entlang, erklommen Türme, bis wir ihr Geschrei nicht mehr hörten.
Der Seewind, der über die Mauern drang, war aromatisch von feuchtem Salz. Galeeren säumten schützend den Hafen, mit flatternden Bannern, scharlachrot-goldene Seide, blaue, blütengezierte Wappenschilder. Als ich unser Lager sah, die Fahnen und spitzen Zelte, die fernen Gestalten christlicher Streiter, da überkam mich Stolz. Wie hatten es die Heiden wagen können, sich uns in den Weg zu stellen?

Weit im Osten haderten Saladin und seine Armee mit dem Schicksal. Es hieß, Saladin sei durch den Fall Akkons überrascht worden, habe erst zu spät begriffen, dass er machtvoll hätte eingreifen müssen. Rannulf glaubte, Saladin würde sich an die Übergabevereinbarungen halten, aber die Schlacht suchen, sobald er glaubte, uns vernichten zu können.

Wieder senkte sich die schläfrige Stimmung auf uns herab.
Die Hitze füllte den Raum um jeden Mann und jedes Pferd. Hubert und ich verbrachten die Zeit mit der Suche nach Schatten, zwischen den Zelten, entlang des Kornspeichers, bei den schwindenden Hafersäcken und Heuballen.
Hubert war still und in sich zurückgezogen, obwohl ich mein Bestes tat, ihn zu zerstreuen. Ich versuchte, ihm eine Wette um einen Knopf anzutragen, dass diese Ameise den Ameisenbau eher erreichen würde als jene, dass Nigel lachen würde, ehe Rannulf ausspuckte. Hubert dankte mir sanft für mein Bemühen, erklärte aber, Glücksspiele seien nun mal verboten.
König Philipp von Frankreich verließ das Lager, von Höflingen getragen. Das Fieber hatte seine Haut gelb gefärbt und die Hand, die er zum Abschiedsgruß hob, schimmerte grünlich im Sonnenlicht.
»Kein Wunder, dass er grün ist«, sagte Nigel, »schließlich hat er den Mut einer Kröte!«

Die meisten Franken blieben, so auch ein Markgraf namens Konrad, der eine von den Templern besetzte Ecke der Stadt für sich forderte. Eine Schar bretonischer Ritter warf eine Standarte in einen Graben an der Stadtmauer, um die Männer aus Anjou zu beleidigen. Die Soldaten aus der Guyenne stritten mit denen aus Lusignan, wobei es irgendwie um eine Frau ging. Es gab Streitigkeiten innerhalb jeder Gattung von Rittern und Fußvolk, höheren Bediensteten und Kammerburschen.

Die fleißigen Bäcker füllten unsere Bäuche nicht mehr mit warmen Weißmehllaiben. Ihre Holzschieber holten jetzt minderwertige braune Mischbrote aus den runden Lehmöfen, Laibe wie das erdfarbene Brot der ärmsten Bauern. Unsere Gefangenen aßen Pferdekuchen aus Kleie und Stroh, wie sie Packtiere fraßen.

Die Gefangenen zählten zweitausendsiebenhundert Mäuler. Sie nahmen ihre Niederlage klaglos hin und warteten, dass man sich in Verhandlungen auf das Lösegeld einigte, das sie zu ihren Familien und Freunden zurückbringen würde. Die ersten Unterhändler kamen aus Saladins Lager, Reiter in Waffenröcken aus Seide und schwarzem Leder, mit glänzenden Besatzstücken, Zaumzeugnieten und Sattelknäufen.

Ein Soldat, der einst Schankwirt gewesen war, wurde mit einem Paar beinernen Würfeln erwischt und schwor, dass er sie nur für einen Freund verwahrte, den er nicht anschwärzen wolle. Die ganze Armee sah zu, wie ihm ein muskelbepackter Büttel aus Gent zehn Peitschenhiebe verpasste. Die Templer und die Johanniter bezogen, wie auch andere Elitetruppen, in der Stadt Quartier. Das verschaffte uns zwar mehr Platz, stockte unsere Nahrungsvorräte aber auch nicht auf und zwang Guy de Renne, fortan eine Armee von ehemaligen Bauern und Waldleuten mit einem kleinen Corps kampferprobter Ritter zu beaufsichtigen.

Sir Nigel und Rannulf nutzten ihre militärische Erfahrung und schritten durch den Hagelsturm aus Fliegen, um neue Latrinen ausheben zu lassen, aber der Herzog von Burgund und König Richard blieben in ihren Zelten und mit jedem Tag wurde die Hitze schlimmer.
Die ersten Gefangenen starben und ihre Waffenbrüder klagten leise über den Leichen. Die meisten Fußsoldaten rührte das wenig, denn sie sehnten die Stunde herbei, da alle Muselmanen an ihren eigenen Zungen ersticken würden.

33. Kapitel

Der Tag begann mit einem sanften, kühlen Wind und mit dem Füttern und Bewegen der Streitrösser. Dann kamen die neuerliche Hitze, das Murmeln der Priester, die den jüngsten Fieberopfern die Sterbesakramente erteilten, und ein spätes Mittagsmahl aus Pferdefleisch und Spreubrot. Zwei Freudenweiber gerieten wegen eines Perlohrrings in Streit, ein lautes Gezeter, bei dem die Fetzen flogen, aber es wurde kaum ein Anfeuerungs- oder Spottruf laut. Die Frauen zogen sich an den Haaren und versuchten sich die Augen auszukratzen, wurden dann müde und fielen keuchend zu Boden. Die Wachen stupsten sie mit den Schäften ihrer Hellebarden und sie verschwanden.

Die Priester hielten ihre Betstunden ein und wir beteten mit ihnen. Der letzte Wein wurde im Becher zu Essig und die Wachen schliefen im Stehen, auf ihre Speere gestützt.

»Ich würde umfallen«, sagte Hubert. »Sobald ich anfinge zu schnarchen.« Er imitierte augenblicklich einen Wächter, der sich im Tiefschlaf immer weiter nach vorn neigte. Er fing sich gerade noch, ehe er auf dem Bauch landete.

»Das ist eine Kunst, die viel Übung erfordert«, sagte ich, froh, Hubert wieder guter Laune zu sehen. »Wir beide müssen erst noch lernen, wie Krieger zu schlafen.«

Als König Richard an jenem Nachmittag aus seinem Zelt trat, ging ein Raunen durch das Lager und jeder stieß seinen Nebenmann an. König Richard trug eine Prunkuniform, das glänzendste aller Kettenhemden und ein indigoblaues Cape, das fast bis auf den Boden hinabwallte. Begleitet von seiner Leibwache und Sir Guy de Renne, eilte der König zu dem abgesperrten Platz, wo die Gefangenen mit gesenkten Köpfen saßen, zweitausendsiebenhundert Menschen, so still wie halb verschmachtete Tiere.

Das ganze Lager war jetzt auf den Beinen, Ritter und Soldat, Wasserträger und Pfeilmacher, denn alles fragte sich, was einen Monarchen in eine solche Gluthitze hinaustrieb, durch so dichte Wolken von schwarzen Fliegen. Richard griff sich ans Wehrgehänge, zog ein funkelndes Breitschwert und sägte kurz an dem haarigen, straffen Hanfseil, das die Grenze des Gefangenenplatzes markierte.

Das durchtrennte Seil fiel zu Boden und wirbelte Staubwolken auf. Der Seilpferch rings um die Gefangenenherde brach zusammen. Fußsoldaten griffen zu ihren Piken. Gefolgssoldaten nahmen ihre Äxte. Männer drängten herbei. Ein paar Ritter lockerten ihre Schwerter in den Scheiden und alles sah gespannt auf den König.

König Richard sagte: »Alle.«

Les tout.

Und er machte eine unmissverständliche Geste, indem er sich mit dem Zeigefinger über die Kehle fuhr.

Sir Guy de Renne zögerte kurz, lockerte umständlich sein Schwert, drehte sich nach seinen Aufsehern um. Vielleicht wollte er König Richard Zeit geben, seinen Befehl zu präzisieren oder zu korrigieren.

Der König sagte: »Sofort!«
Sir Guy de Renne pflanzte sich auf wie jemand, der einen Schlag erwartet, und suchte Nigels und Rannulfs Blick. Die beiden englischen Ritter standen mit ausdrucksloser Miene da. Sir Guy rief seinen Schreiber herbei, einen Mann mit einem ledernen Köcher voller Schriftrollen. Er zog sein Schwert vollends und erteilte dem Anführer der Pikeniere einen Befehl.
Drei Herzschläge lang geschah gar nichts.
Der erste Hieb jagte eine Welle durch das Meer der Gefangenen, ein erschrockenes Schnappen, wie ein heftiger Windstoß. Ein paar Männer versuchten aufzustehen, aber die Stricke an ihren Händen und Füßen hinderten sie und sie fielen hin. Eine Frau hob an zu flehen. Der Gefangenenplatz begann zu summen wie ein gefangener Insektenschwarm.
Ein Kind plärrte, Laute wie ich sie einmal von einem Kalb gehört hatte, dessen Hinterbeine von Füchsen zerfetzt worden waren. Die männlichen Gefangenen schrien auf und einer oder zwei waren gedankenschnell genug, um in ihrer unverständlichen Sprache zu argumentieren.
Der Pikenier zögerte nicht, aber einige Ritter sahen sich nach dem König und Sir Guy de Renne um, ehe sie ihr Werk fortführten.
Hubert schrie auf und versuchte einen Pikenier, der sich in das Gemetzel stürzen wollte, festzuhalten, sodass ich Hubert davonzerren musste.
Ich hinderte Hubert am Hingucken, hielt seinen Kopf so, dass er nichts sehen konnte, obwohl sich das feuchte Zischen und Knirschen der Klingen und Äxte und der Geruch von Blut und frisch zerfetztem Gedärm nicht ignorieren ließen. Und auch nicht die Christenstimmen,

die die Namen von Heiligen riefen, den des heiligen Georg, der den geflügelten Lindwurm erschlagen hatte, und den des heiligen Christopherus, der das Christuskind über einen breiten Strom getragen hatte. Ein Schwert macht ein Geräusch wie ein Schlachtermesser, wenn es auf die Sehnen und Knochen eines Halses trifft.

Die Schreie der noch nicht getöteten Gefangenen mussten bis zu den Streifscharen der Sarazenen durchgedrungen sein, denn schon bald ergoss sich ein ungeordneter Angriff von Saladins Lager her über die Ebene. Unsere Bogenschützen hatten keine Mühe, die Reiterschar auf Distanz zu halten.

Eine Stimme rief, jeder getötete Heide sei ein Gottesfeind weniger. Es war Pater Urbino, das blond Haar dunkel von Schweiß. Er schwenkte die erhobene Faust und spornte die Pikeniere an.

Etliche Ritter beteiligten sich nicht an der blutigen Ernte. Die wenigen anwesenden Templer wandten sich ab und überließen den anderen die Arbeit. Nigel sah mit steinerner Miene zu. Als ich seinen Blick suchte, zeigte er einen Ausdruck stoisch ertragenen Ekels. Als die Flut fliegenbedeckten Bluts auf uns zu kroch, scharrte Nigel mit dem Fuß einen Damm aus Staub zusammen, um sie von unseren Füßen fernzuhalten. Aber viele Ritter, auch englische, arbeiteten Seite an Seite mit dem Pikenier. Rannulf wurde es leid, dem Hacken und Sensen zuzuschauen. Er suchte sich einen Weg zwischen den blutgetränkten Leichen hindurch und demonstrierte, was ein Schwerthieb ist, indem er erst ein Leben kappte, dann ein zweites, schnell und gründlich. Er verließ kopfschüttelnd das Feld.

Nigel und Rannulf standen mit verschränkten Armen nebeneinander und rührten sich nicht.

34. Kapitel

Es dämmerte. Ein kühler Seewind wehte zwischen den Zelten. Die Banner und Standarten flatterten über unseren Köpfen, ein lautes Knattern.

In der Luft lag noch immer der Geruch des Schlachtens, das erst wenige Stunden her war.

Hubert und ich waren an den Rand des Lagers spaziert, wo am Strand ein paar korsische Speerkämpfer wachten, kleine, lebhafte Männer, die sich im Scherz in ihrer lebhaften Sprache Dinge zuriefen wie »Wer da?« oder »Nennt Euren Namen!«

Die Seebrise war köstlich.

Kreuzfahrergaleeren und -rundschiffe hielten vom Ufer ab, um sich neue Ankerplätze weiter draußen zu suchen. Sarazenische Kriegsschiffe krabbelten den Horizont entlang wie verstohlene Käfer.

»Nichts hier –«, setzte Hubert an, um dann zu verstummen.

Ich wartete, da ich mich außer Stande fühlte, ihm irgendwelchen Trost zu spenden.

»Nichts ist, wie ich es mir vorgestellt habe«, sagte Hubert schließlich.

Einer der korsischen Speerkämpfer rief uns in akzentverzerrtem Englisch an – nachgeäfftes Englisch im Grund,

denn viele Soldaten fanden den Klang unserer Sprache erheiternd. »Parole, mit Verlaub.«
Hubert schien den kleinen Mann gar nicht zu hören.
»Parole, englisch«, sagte der leuchtend gewandete Wächter, ganz rote Streifen und seidene Beinlinge.
Hubert sah ihn ohne großes Interesse an.
»Weist Euch aus, Junker«, sagte der Korse.
Hubert starrte ihn fast schon unverschämt an.
Der Wächter erhob sich auf die Zehenspitzen, reckte den Hals und ließ eine Flut korsischer Beschimpfungen und Herausforderungen los.
Hubert legte die Hände um den Hals des Wächters und schüttelte, dass der Kopf auf seinem Stiel wackelte.
Schon eilten Wachen herbei, die es leid waren, auf das kabbelige Meer hinauszuschauen. Ich trat zwischen die beiden.
Ich hielt eine kleine Ansprache, mischte etwas Fränkisch, Englisch und so viel Latein, wie ich zusammenkratzen konnte. Wir wüssten die Parole leider nicht, versuchte ich zu erklären, seien aber sehr froh, dass die Wachen so gut aufpassten.
Ich wünschte ihnen alles Gute, dankte ihnen für ihre Langmut und hielt Hubert fest am Kragen, bis wir wieder in Sir Nigels Zelt waren.

Sir Nigel explodierte.
»Das verbiete ich!«
»Ich werde nach England zurückkehren«, sagte Hubert. Er schüttelte sich. »Mein Vater wird Euch meine Überfahrt in Gold bezahlen.«
»Von mir aus kann er in eingelegten Hoden zahlen!«, sagte Nigel. »Du bleibst hier bei mir.«

Hubert wollte noch etwas sagen, aber Nigel schnitt ihm mit einer Handbewegung das Wort ab.
Sie schwiegen beide. Hubert wartete standhaft in der Mitte des Zelts, während Nigel von einer Ecke zur anderen stapfte.
Das Zelt war geräumig und schwankte leise im Wind. Die Zeltschnüre draußen sirrten und Sand prasselte leise auf das Zelttuch. Wenstan polierte Sir Nigels Schild, ganz auf seine Arbeit konzentriert, als wären wir alle gar nicht da.
Die Kerzen zischten leise. »Hast du gedacht, es würde leicht werden?«, sagte Nigel schließlich. »Dachtest du, es würde ein Kinderspiel, mit Holzschwertern und ausgestopften Kriegerpuppen?«
Hubert stand reglos da und erst jetzt ließ ich die Scham an mich heran – ich hatte dabeigestanden und zugeschaut, wie brave Männer die Heiden niedersichelten, und hatte nichts getan, um ihnen zu helfen. Sir Nigel mochte ja eine Entschuldigung haben, da er anscheinend glaubte, sein Schwert nicht gegen eine Frau erheben zu dürfen. Aber ich hatte meinen König verraten und, wie ich jetzt zu glauben begann, auch den Himmel.
»Meinst du, ich habe jeden Tag genossen«, fuhr Nigel fort, »hier in diesem staubigen Loch? Aber ich habe meine Pflicht getan, Hubert, Gott gegenüber.«
Die Kerzen flackerten und erloschen beinahe. Die Zeltklappe öffnete sich und Rannulf trat herein.
»Hubert will nach Hause, Herr«, erklärte ich Rannulf flüsternd.
»Und du, Edmund, hast ihm zweifellos Flausen in den Kopf gesetzt«, sagte Nigel.
Ich schwieg.

»Euer Edmund missfällt mir, Rannulf«, sagte Nigel. »Er braucht ein paar mit dem Ochsenziemer.«
Rannulf machte ein Gesicht wie jemand, der es bereut, aus dem Dunkel hereingekommen zu sein. Er öffnete den Mund, kam aber nicht dazu, einen Ton hervorzubringen.
»Ich bin siebenunddreißig Jahre alt«, sagte Nigel. »Und müde bis in die Knochen. Wer weiß, wie viele Jahre Gott mir noch gewährt? Ich bin kein Abt oder Priester – ich habe sie immer beneidet, diese frommen Männer der Schrift, die jeden Morgen Gottes Ohr mit einem Gebet gewinnen. Es ist so leicht für diese studierten Männer. Ich bin ein gewöhnlicher Kriegsmann, Hubert. Ein nichtswürdiger Mann – und ich wurde aufgerufen, meinen Schild für die Heilige Jungfrau zu ergreifen.«
Hubert holte tief Luft und atmete langsam aus.
Rannulf stand da wie jemand, der voller Neuigkeiten steckt. Er hatte nichts Tadelndes dazu gesagt, dass ich mich aus dem Gemetzel herausgehalten hatte, aber Rannulf war einer jener Menschen, die es anderen überlassen, ihre Gedanken zu erraten.
»Was ist, Rannulf? Was hat unser weiser Herr und König jetzt beschlossen?«, blaffte Nigel. »Ist da vielleicht ein unschuldiger Jungfrauenchor, den er in Stücke gehackt haben möchte?«
Rannulf ließ sich Zeit, jetzt, da er Nigels Aufmerksamkeit hatte. Er fand seinen Becher, trank sorgsam mit seinen vernarbten Lippen und sagte leise: »Wir brechen das Lager ab.«
»Das ist nicht witzig, Rannulf«, sagte Nigel und stampfte eine Teppichfalte glatt.
»Der Befehl ist schon ergangen«, sagte Rannulf. »Alle Frauen haben das Lager augenblicklich zu verlassen.«

Nigel stieß ein tonloses Lachen aus, einen kehligen Laut, und schüttelte ungläubig den Kopf. »Wir stechen in See«, sagte er. »Wir folgen dem Frankenkönig wie Feiglinge. Wie unser Hubert hier. Ziehen uns auf unsere Schiffe zurück. Habe ich Recht?«

Rannulf lächelte mit den Augen. »Wir marschieren südwärts, die Küste entlang, und suchen die Schlacht mit Saladins Heer.« Er kostete die Wirkung seiner Nachricht aus, trank den letzten Rest von seinem Wein.

»Es sei denn, natürlich«, setzte Rannulf hinzu, »ihr wollt lieber hier bleiben.«

In dieser Nacht schlief niemand.

Verdreckt wie ein Haufen Gesindel, arbeiteten wir die ganze Nacht, Ritter und Fußvolk gleichermaßen. Die Leibwache des Königs brach dessen Zelte ab und errichtete einen Palisadenzaun aus Speeren um das königliche Gepäck. Nigel befahl den Pferdeknechten, unsere Tiere zu satteln.

Noch vor Sonnenaufgang waren die Karren geschmiert und beladen, Pferde mit Bündeln von Zelttuch und zusammengeschnürten Zeltpflöcken bepackt. Bogenschützen gingen vor, um die landwärts zeigende Flanke eines Heerzugs zu schützen, der sich bereits südwärts den Strand entlangschob.

Esel gehörten jetzt zu unserer Armee, merkwürdige, stummelbeinige Tiere.

Sie gaben keuchende, lachende Protestlaute von sich, als die Männer sie beluden. Als sich die ganze Armee südwärts wälzte, sah sie aus wie ein kriechendes Wunder. So vieles, das träge und faul gewesen war, war jetzt in Bewegung.

Aber so vieles wurde auch zurückgelassen, Achsen und Kisten, verschlissene Ledereimer und -geschirre. Riesige Feuer spien Flammen und schwarzen Rauch in den Himmel. Unsere Belagerungsmaschinen waren zerlegt worden und nur wenige Teile wurden auf schwere Lastgäule gepackt. Vieles wurde dem Feuer übergeben, auch Sir Haut auf seinem Holzrahmen.
Die Schätze waren ebenfalls zerlegt worden, Edelsteine aus ihren Fassungen gestemmt, Silbergegenstände flach gehämmert, eingeschmolzen und zu Barren gegossen. Richard hatte den Befehl erlassen, dass keine Freudenweiber dem Heerzug mehr folgen dürften, und diese Nachricht löste erboste Proteste unter den Frauen aus. Etliche wollten gar nicht zuhören, schimpften und spuckten und folgten der Armee gegen den Willen des Königs. Selbst die Wäscherinnen sollten zurückbleiben. Rannulf sagte, in Jerusalem würde man uns schon Tage vor unserem Erscheinen riechen. Die Burgunder erklärten, sie würden sich lieber eigenhändig die Kehle durchschneiden, als dreckig durch die Gegend zu reiten.
Der König gab nach, die Wäscherinnen jubelten. Heidnische Führer ritten unter leichter Bewachung: Soldaten mit Speeren sollten sie vor Rache bewahren und vor jeglichem Impuls, zu ihren Brüdern zurückzukehren. Die Armee war ein einziger, riesiger Chor von Ächzen und Knirschen, von arbeitenden Gelenken und verschleimten Lungen menschlicher wie tierischer Art, und das Geräusch war höchst beeindruckend, auch noch ein ganzes Stück vor der Hauptarmee, wo Hubert und ich in vorderster Reihe ritten. Er trug eine von Nigels Schlachtlanzen, mit einem flatternden roten Banner an der Spitze.

Bald, sang der Wind.
Bald schon würde Saladins Heer unseren Zug aufzuhalten suchen und es würde zu der großen, offenen Feldschlacht kommen, von der wir alle geträumt hatten.
Ich war überzeugt, dass ich mir eine richtige Schlacht ebenso sehr wünschte wie jedermann. In dem ganzen Marschgetümmel fühlte ich keine Angst.
Winter Star trabte fröhlich unter mir und vollführte Bocksprünge. Mein Hammer ruhte in seinem Lederfutteral. Huberts Pferd Shadow ließ sich anstecken und tänzelte und schnaubte ebenfalls, sodass Hubert über den Eifer seines Tiers lächeln musste. Doch schon bald begannen alle Pferde, die Mähnen zu werfen und mit den Augen zu rollen und selbst Sir Nigel hatte Mühe, die Zügel zu halten. Hubert und ich parierten unsere Tiere und ließen die Knappen und Ritter zu uns aufschließen. Sir Guy de Renne zügelte sein Pferd so heftig, dass diesem der Schaum von der Gebissstange troff.
»Irgendetwas macht sie unruhig«, sagte Rannulf, einen Hauch von Mitgefühl in der Stimme.
»Sie benehmen sich, als würden sie Bären riechen«, sagte Nigel.
»Oder Löwen«, sagte Rannulf.
Er nahm es auf sich, nach Osten zu reiten, und wartete, dass ich ihm folgte.

35. Kapitel

Die Luft duftete nach Gewürzen, solchen, wie sie der Gewürzhändler den reichen Edelfrauen prisenweise abwiegt.

»Wir marschieren gen Süden, die Schiffe der Ungläubigen auf der Seeseite und das Sarazenenheer zwischen uns und Jerusalem«, sagte Rannulf. »Was glaubst du, wie lange wir da dem Hungertod entgehen?«

Die Spätvormittagssonne durchdrang das Gras und jeder Halm glitzerte, obwohl der Tau schon längst verdunstet war. Wir ließen unsere Pferde unter hohen Dattelpalmen rasten, große Wedel wie spröde Federn unter den Hufen.

»Ich verstehe nichts von Strategie«, sagte ich schließlich.

Rannulf schüttelte den Kopf. »Gespielte Einfalt, Edmund«, sagte er. »Jedermann mit einem Bauch kann so weit denken.«

»Ich hoffe, es kommt bald zu einer Schlacht«, sagte ich.

»Ach, wirklich?«

Es stimmte ja im Großen und Ganzen und ich wollte es Rannulf sagen, aber der richtete sich in den Steigbügeln auf und suchte, auf seine Jagdlanze gestützt, das Gelände ab. Er sagte: »Wenn wir die Fährte eines Löwen fänden und es melden würden, wäre der König hocherfreut. Das könnte dir helfen, seine Gunst wiederzuerlangen.«

»Habe ich denn die Gunst unseres Königs verloren?«, hörte ich mich fragen.
»Und gespielte Naivität. Du erweist dich als gewandter Lügner, Edmund«, sagte er fast schon freundlich. »Du hast dich an dem allgemeinen Schlachten nicht beteiligt.« Das sagte er so leichthin, als spräche er von einem Pferderennen.
»Viele Streiter haben nicht mitgemacht.«
»Und viele haben es getan.« Aber dann, zu meiner Überraschung zuckte Rannulf die Achseln. »Manchmal will das Schwert einfach nicht aus der Scheide.«
»Ein Knappe lebt für seinen Herrn und für den Herrn seines Herrn«, antwortete ich und fragte mich, ob ich Rannulf beim Abschlachten der Gefangenen hätte helfen müssen.
Rannulf sagte: »Wenn wir die Spur eines Löwen fänden und sein Fell mitbrächten, würde es der König keinem von uns beiden je verzeihen.«
Unser eigener Heerzug erstreckte sich endlos weit und im Osten begleitete eine Dunstbank aus weißem Staub unsere Truppen. Saladins Männer säumten nicht, parallel zu uns zu marschieren. Seine terrassenförmig angeordneten Zelte waren bereits verschwunden, das ganze schöne Gelb und Blau eingerollt und abtransportiert.
»Aber bedenkt doch, wie uns jeder Mann und jede Frau bewundern würde«, sagte ich.
Der Wind wehte Staubschwaden auf. Ganz in der Ferne folgte der Trupp der Wäscherinnen unserem Heerzug. Mein Blick machte sie immer wieder aus.
»Wir hungern nach der Bewunderung der Frauen«, pflichtete mir Rannulf geradezu traurig bei. »Gott hat sie so reizvoll erschaffen, dass wir ihr Wesen nicht sehen.«

»Ist denn das wahre Wesen der Frau so verschieden von dem des Mannes?«

»So verschieden wie ein Aussätziger von Achill. Was glaubst du, warum König Richard die Gesellschaft junger Männer vorzieht?«

»Ich bin so unwissend«, sagte ich. So schmerzlich unerfahren, so erzwungen keusch, meinte ich. So unberührt, trotz meines Verlangens.

»Da ist dir Kummer erspart geblieben«, sagte Rannulf. »Die weibliche Seele ist verkümmert und abstoßend, Edmund. Wenn wir durch das hübsche Äußere einer Frau hindurchschauen und ihr inneres Wesen sehen könnten, würden wir angewidert zurückzucken. Danke dem Himmel dafür, dass du bislang von der Berührung eines Weibes verschont geblieben bist.«

Viele Christenmänner empfanden so wie Rannulf, aber ich gewiss nicht. In mir war nur die ewig frische Erinnerung an Elviva, an ihre ausgestreckte Hand, als ich mich zum Abschied hinabbeugte.

Eine Streifschar näherte sich, ein schwerer, schleppender Galopp.

Winter Star erschauerte und ich beugte mich vor und griff ihm in die Mähne. Rannulf hatte ebenfalls Schwierigkeiten mit seinem Pferd.

Winter Star warf sich zur Seite, wollte kehrtmachen.

»Kamele«, sagte Rannulf.

Ich hatte schon vom Kamelleoparden gehört, einer riesigen, gefleckten Bestie, die mit der Stimme einer schönen Frau rufen konnte. Das Firmament überspannte viele solcher Wunder: den Greifen, ein Wesen, halb Löwe, halb Adler, das vergrabene Schätze bewachte; die Harpyie, die halb Frau und halb Vogel war und Reisende peinigte.

Diese weit ausgreifenden, schaukelnden Reittiere machten mir Angst, auch wenn mir ein nervöses Lachen entfuhr. Die Reiter schlugen auf die Flanken dieser dickbäuchigen Kreaturen ein und jedes einzelne Kamel reckte den Hals, öffnete ein lippenloses Maul und stieß ein schreckliches Röhren aus. Viele Hiebe waren nötig, um diese Kamele in unsere Richtung zu treiben, und die schweren, weichen Hufe flappten über den harten Boden, als sie auf uns zu kamen.

Winter Star fand seine Nerven wieder, als ich mir gerade sicher war, meine zu verlieren.

»Fressen Kamele Menschenfleisch?«, fragte ich, bemüht, tapferer zu klingen, als ich war.

Rannulf nahm die Frage ernst oder tat zumindest so. »Ich glaube nicht«, sagte er.

»Das ist beruhigend«, antwortete ich zittrig.

Rannulf legte die Lanze ein und trieb sein Pferd ein paar Schritte vorwärts. Ich folgte ihm.

Die Kamelreiter zogen mit ausholenden, sägenden Bewegungen an den Zügeln ihrer langhalsigen Ungetüme. Sie formierten sich einen guten Bogenschuss von uns entfernt, wobei die Kamele lauthals protestierten.

Die Knappenpflicht erforderte, dass ich sagte: »Herr – Ihr solltet Euren Schild nehmen.« Der hing zusammen mit den Gurten an Rannulfs Sattel.

Die Kamelreiter stimmten ein hohes Geheul an.

Rannulf wippte spielerisch mit der Lanze wie jemand, der von frechen Kindern belästigt wird: *Worauf wartet ihr?*

Die Kamelreiter entblößten die Zähne und wechselten Bemerkungen, offenbar höchst erheitert. Ein Reiter mit weiten, schwefelgelben Ärmeln zeigte mit dem Finger und seine Gefährten trieben ihre meuternden Kamele in

neue Positionen. Die Reiter zogen ihre Waffen, funkelnde Krummschwerter, und der Anführer stieß mit einer hohen Tenorstimme eine kurze Herausforderung aus.
»Sollen wir diese Kamelkrieger töten?«, fragte Rannulf munter und gut gelaunt. »Oder verschonen?«
»Herr«, sagte ich und versuchte, meine Stimme am Beben zu hindern, »wie Ihr wünscht.«

36. Kapitel

Aber die Kamelreiter griffen uns nicht an. Auf ein Signal ihres Anführers wendeten sie alle ihre grunzenden Reittiere. Sie trabten hinter einem Staubschleier davon.
Als wir wieder zu unserer Armee stießen, begegneten wir dem König.
König Richard war zu Pferd. Das Haar umfloss golden sein Gesicht. Sein breiter Hals und sein hübsches Gesicht waren sonnenverbrannt. Ein paar blutige Kaninchen hingen an seinem Sattel und sein Pferd war schwarz von Schweiß.
Der König wedelte mit einem der toten Kaninchen, einer steifen, großäugigen Puppe. Als ein Leibwächter nicht schnell genug reagierte, schleuderte der König dem Mann das blutige Spielzeug ins Gesicht.
Der König bedachte Rannulf mit einem kurzen, respektvollen Blick, aber in meine Richtung schaute er gar nicht. Er beugte sich vor, um eine Fliege von seiner Jagdbeute zu wedeln. Er beobachtete das kreisende Insekt.
Er haschte danach, verfehlte es und fluchte. Versuchte es noch einmal.
Er reckte die Faust und presste sie fest zusammen, strahlte dabei. Die Männer um ihn herum lächelten und entspannten sich sichtlich.

»Habt Ihr auf Eurem Ritt in die Hügel irgendwelche Löwen gesehen?«, fragte König Richard Sir Rannulf.
»Keinen außer Euch, mein Herr und König«, sagte Rannulf.

Vielleicht waren wir ja alle davon ausgegangen, dass der Tross von Packpferden und Zivilisten das Ende unseres Zugs schützen würde. Doch jeden Morgen dezimierte ihn ein Überfall um ein weiteres Dutzend Wäscherinnen, die widerstandslos flüchteten.
Bald schon verloren wir auch die ersten Pferde.
Horden dunkelhäutiger Männer griffen unser Zugende an. Diese Krieger waren dunkler als dunkelster Wein und schwärmten zu Fuß die Hügel herab, Gold um die Arme und Knöchel.
Reiter mit wehenden Kopfbedeckungen folgten ihnen und attackierten unsere Nachhut mit kraftvollen, wenn auch schlecht gezielten Säbelhieben.
Die Templer hatten wenig Mühe, diese Beduinenreiter von ihren Pferden zu mähen, aber neue Angreifer kamen herabgeprescht, um den Platz der gefällten einzunehmen. Bald schon wurden viele unserer kampferfahrensten Divisionen zur Nachhut abkommandiert, um das wenige, was von unseren Vorräten noch da war, zu schützen.
König Richard ritt unsere ganze lange, ungleichmäßige Kolonne auf und ab und Wenstan sang das Lied von dem Ritter, der am Ufer des grünen Flusses steht und den Feind auf der anderen Seite bemitleidet.

Jeder Tag war eine endlose, flache Strecke durch Staub, so fein wie Knochenmehl. Mein Mund füllte sich mit Mörtelpulver. Wir fanden unsere heidnischen Führer mit

ausgestochenen Augen und abgeschnittenen Geschlechtsteilen, die Bäuche von der Sonne aufgetrieben. Die Hitze war drückender denn je. Pferde brachen zusammen und lagen mit pumpenden Rippen da, Männer fielen in Ohnmacht.
Ein vorausreitender Burgunderritter stürzte unsanft vom Pferd und ehe sein Knappe zu ihm gelangen konnte, erschien aus dem Nichts ein Beduine auf einem schlanken, kohlschwarzen Pferd.
Er ritt zu dem am Boden liegenden Ritter und stieß ihm einen Speer in den Unterleib.
Wir stöhnten bei dem Anblick auf. Der Beduine rief etwas, warf seinen Speer weg und breitete provozierend die Arme aus: *Fasst mich doch.*
Unsere Armee erschauerte, ein Zornbeben, das durch den ganzen langen Zug ging, aber Sir Guy de Renne und Sir Nigel riefen, dass wir dort bleiben sollten, wo wir waren.
Huberts Brauen und Wimpern waren weiß von Staub und er sah aus wie ein alter Mann. »Bald«, sagte er, ein heiseres Flüstern, halb Aufmunterung, halb Stoßgebet.
Ich nickte, aber innerlich teilte ich diese Zuversicht nicht. Ich glaubte, wir könnten uns ewig diese Küste entlangschleppen. Ich empfand allmählich einen widerwilligen Respekt für diesen Saladin, einen Feldherrn, auf dessen Seite selbst die Sonne und der hartblaue Himmel kämpften.

Unser Zug kam an einem Ort zum Stehen, von dem Nigel sagte, er heiße Arsuf.
»Diese Heiden haben für jeden Erdhügel einen Namen«, sagte Wenstan.

Sein Auftreten hatte sich hier im Heiligen Land völlig verändert. Er stotterte nur noch selten und sein Gang war stet und ruhig.
Und er wirkte um Jahre jünger, ganz im Gegensatz zu Nigel und Rannulf, die neue, harte Falten im Gesicht hatten. Ich hatte ihn kürzlich eine von Miles' alten Balladen singen hören, die vom Ganter, der mit dem Kopf in der Kemenate der Herrin feststeckt.
»Ich habe mit unseren ungläubigen Gefährten geredet«, sagte er. »Wenn dein Pferd Wasser lässt, sagen die Führer später: ›Ah, wisst Ihr noch, wie Euer Pferd auf den Felsenplatz des Steindschinns geharnt hat.‹ Ein Dschinn, haben sie mir erklärt, sei ein Geist, der einem Ort innewohnt.«
Erregung überkam mich bei dem Gedanken, dass wir durch ein Land voller Teufel ritten. »Was heißt dann Arsuf?«, fragte ich.
Wenstan musterte die Landschaft um uns herum mit zusammengekniffenen Augen. »Flache Gegend, würde ich schätzen.«
Hubert trieb Shadow zu einem schweren Galopp an. Sein rotes Banner flatterte den ganzen Zug entlang und ebenso eilig wieder zurück.
Er war zu erregt, um meine Frage zu beantworten, aber inzwischen wurden bereits Befehle in einem Dutzend Sprachen gebrüllt, Fußsoldaten formierten sich, Ritter sammelten sich in einer krummen Linie und mühten sich in Kettenhemden und Helme.
Ich rief nach Rannulf, aber in dem Durcheinander von Stimmen und Trompetensignalen vernahm ich keine Antwort. König Richard ritt an die Spitze dessen, was eben noch unsere Nachhut gewesen war, jetzt aber die sich

rasch formierende Front bildete. Sir Guy de Renne rief Befehle durch den aufgewirbelten Staub.

Endlich schwang sich Rannulf von seinem Streitross. Staub trieb mir Tränen in die Augen.
»Edmund«, sagte er, »kleide mich für die Schlacht.«

37. Kapitel

Und noch immer begann der Kampf nicht.

Den ganzen Vormittag provozierten Reiter unsere Bogenschützen: Pfeile stiegen im Bogen empor, schimmerten am Himmel. Und prasselten zu Boden, da der Feind gemächlich außer Schussweite trabte. Das Ganze hatte etwas Spielerisches, wie eine Markttagsbelustigung oder ein sportlicher Wettstreit. Die Kamelreiter waren nur wenige und hielten sich ein ganzes Stück zurück.

Die Luft duftete aromatisch nach Minze, von den zertretenen Kräutern unter unseren Füßen. Nach und nach begannen unsere Bogenschützen, ihre Pfeile aufzusparen, und Wasserträger gingen mit Schläuchen voller Wasser und Wein herum. Einige Pikeniere protzten damit, wie lange sie trinken konnten, ohne Luft zu holen. Ein Emir, ein heidnischer Heerführer, ritt in gemächlichem Schritt innerhalb unserer Bogenreichweite auf und ab, begleitet von seinen Männern.

»Sie zählen uns«, vermutete Hubert.

»Nein, das glaube ich nicht«, sagte ich. Die Sarazenen kannten unsere Zahl, da war ich mir sicher, jeden Pferdeknecht und jeden Koch. Der Emir genoss es einfach, sich der Gefahr auszusetzen und uns vorzuführen, wie mutig er war.

Saladins Hauptheer war von einem Streifen krüppeligen Nadelwalds verdeckt und die Bäume schwankten und wackelten von den Bewegungen der Krieger. So war es keine große Überraschung, als König Richard uns wieder Marschaufstellung nehmen und ein ganzes Stück vorrücken ließ. Wir blickten auf ein Gelände, das keinen Hufabdruck aufwies, nur Kiesel, die wie Geldstücke funkelten.
Die Templer mit ihren schwarz-weißen Schilden standen am Südostende unserer Schlachtlinie, zum Meer hin. Fränkische Ritter, Bretonen und die Männer aus der Guyenne pflanzten sich neben ihnen auf, fluchend und einander an Spott und Zoten überbietend.
Das Zentrum der Linie hatte der König inne, mit seinen englischen Pikenieren und normannischen Fußsoldaten. Ganz links waren die Johanniter, viele auf Knien betend. Der König ritt die Front ab und die Wimpern seines Pferds waren schwer von Staub.
Wir waren ein wunderschöner Anblick – damit hatte ich nicht gerechnet. Entlang der gesamten Schlachtlinie standen, zwischen den Pikenieren verteilt, Bogenschützen. Jeder Bogenschütze hämmerte seine *cheveux-de-frix* in den Boden, einen Schutz aus angespitzten Ästen, hinter dem er Posten bezog. Bogenschützen, das wusste ich aus meiner Kindheit, verwandten eine Menge Zeit darauf, an ihren Pfeilfedern herumzupusseln und Bienenwachs auf ihre Bogensehnen zu reiben. Diese hier waren keine Ausnahme: Sie lockerten ihre Schultern, reichten sich gegenseitig kleine Prisen Harz und rissen Unkrautbüschel zu ihren Füßen aus. Armbrustschützen gesellten sich zu ihnen und legten ihre Bolzen bereit.
Und noch immer – kein Blutvergießen.

In Kettenpanzer und Wollzeug fühlt man sich wie ein wesentlich schwererer, langsamerer Mann und bei jedem Beugen des Arms zwicken einen die Panzerringe oder legen sich mit einem leisen metallischen Rasseln in Falten. Mit der körperlichen Schwere geht eine gewisse innere Dumpfheit einher, eine Trägheit, ein ergebenes Vertrauen in die Kraft des eigenen Pferdes und das Geschick des Panzerschmieds.

Dennoch hätte ich jede Summe in Silber dafür gegeben, dass es vorbei wäre. Rannulf zerrte sich den Helm vom Kopf. Er fuhr sich mit der Zunge über die narbigen Lippen. Ich sah die Angst in seinen Augen – nicht Angst vor Kampf und Blutvergießen, sondern davor, dass nichts passieren würde.

»Wir können ja wohl nicht ewig warten«, sagte ich. In Wahrheit aber regte sich jetzt, da die Schlacht so nahe war, in mir wieder ein gut Teil meiner alten Angst vor dem Kämpfen.

»Ich bete darum, Edmund«, sagte er.

Ich sehnte den Einbruch der Dunkelheit herbei.

Im einen Moment waren wir noch ein Heer von schwitzenden Männern, die spotteten, dass Saladin eine Armee von Hurenböcken habe. Der aufsteigende Staub juckte auf unserer Haut und kitzelte uns in den Nasen und wir zogen einander die Gürtel nach, damit die heißen Kettenpanzer nicht so schwer auf unsere Schultern drückten.

Und dann war plötzlich alles anders.

Tausende dunkelhäutiger Männer strömten vom Wald auf uns herab. Diese Krieger trugen keine Panzer. Sie kamen herangesprengt, mit Speeren und kleinen Rundschilden. Diese Angreifer schrien so gellend, dass unsere Pferde unruhig wurden. Ich konnte nicht recht glauben, dass das jetzt endlich die Schlacht war. Die dunklen, schweißglänzenden Männer wirkten wie Teilnehmer eines Reiterfests.

Unsere Bogenschützen säumten nicht, sofort ihre Bogen zu spannen, und die Armbrustschützen taten es ihnen nach, aber der Pfeilregen vermochte den Ansturm nicht zu bremsen. Durch den Überschwang der Attacke wirkte das Ganze wie ein wildes Maitagsvergnügen, bei dem schon niemand zu Schaden kommen würde. Die Pfahlschilde wurden beiseite gefegt und die Bogenschützen mussten sich eiligst hinter die Linien flüchten.

Und doch war es wie eine Mittsommerbalgerei zwischen Lehrlingen, wie ein unblutiger Jux. Unsere Fußsoldaten wankten, schockiert von der Schnelligkeit dieser dunkelhäutigen Reiter und der Beduinenläufer, die ihnen hauend und stechend folgten. Die ersten Männer fielen.

Unsere Ritter blieben im Sattel, weigerten sich, den Fußsoldaten beizuspringen, und Hubert und ich saßen ebenfalls zusammengeduckt auf unseren Pferden, ließen den Sturm über uns ergehen und warteten, dass die Pikeniere die Attacke allein zurückschlügen. Pikenschäfte klapperten laut und als ein Fußsoldat ganz in meiner Nähe schwer getroffen wurde, schnappte er nach Luft wie ein Ringkämpfer, dem alle Luft aus dem Leib gedroschen wurde.

Die Pikeniere zogen sich langsam zurück und es war gar nichts Fröhliches mehr an der Art, wie sie zustachen und rangen und Schritt für Schritt zurückwichen, bis die Linie nur noch von der Hecke der Ritter gehalten wurde, in der sich auch Hubert und ich befanden.

Winter Star erzitterte unter dem Anprall der wild heulenden Krieger. Ich drosch mit meinem Hammer zu, zerschmetterte manchmal einen Leder-und-Eisensternschild mit einem Hieb, schlug aber auch oft daneben. Hubert hieb mit seinem Schwert um sich.

Winter Star knickte mehrmals stöhnend ein, sodass ich beinahe vom Pferd gefallen wäre. Aber ein Kriegssattel hat einen blanken Messingknauf, unmittelbar vor dem Reiter. Diesen nutzte ich, indem ich mich mit dem Bein daran festhakte, sobald ich zu fallen fürchtete.

Ich achtete kaum auf die Schläge, die auf mich einprasselten, wenn sie auch wehtaten, bis ich die hellen Schäfte von Speeren am Boden sah. Da begriff ich, ohne jede Spur von Beunruhigung, dass ich mit diesen Wurfgeschossen eingedeckt wurde, diese aber meine Wolltunika mit dem Kreuzfahrerstern, meinen Kettenpanzer und mein dickes wollenes Unterleid nicht zu durchdringen vermochten. Ein Speer glitt von Winter Stars rechter Flanke ab, aber das Streitross blieb standhaft.

Meine Pflicht war es, darauf zu achten, dass Rannulfs Lanze weder herabfiel noch zerbrach und er selbst im Sattel blieb. Die Linie der gepanzerten Ritter wich keinen einzigen Schritt, hielt von Norden bis Süden stand. Die Ritter hatten Vollhelme und beugten sich in den Speerhagel, aber die Knappen waren weniger gut geschützt. Ein paar junge Burschen verloren ihre Pferde und gingen im Gebrodel der Kämpfenden unter.

Von einem Moment auf den anderen ließen die dunkelhäutigen Männer von uns ab und rannten davon. Aber durch die Scharen der fliehenden Fußkämpfer donnerten die heidnischen Reiter heran.

38. Kapitel

Ich war in einem Gewühl von Pferden und Rittern eingekeilt und konnte meinen Hammer nicht heben. Aus meiner Handlungsunfähigkeit erwuchs Panik und ich wehrte Hiebe mit dem Schild ab. Die Angst reifte zur Wut. Diese Fremden wollten mich zerhacken und durchbohren.

Ich bekam mit aller Anstrengung meinen Hammer frei und hievte ihn hoch, bereit, meinem Freund zu helfen. Hubert focht mit einem Reiter, einem Krieger mit feisten Hängebacken. Der Mann trug keinen Helm, sein Gesicht war ungeschützt. Er grinste mühsam unter dem Hagel von Hieben, mit dem ihn Hubert überzog. Er parierte mit einer blitzblank polierten Axt, aber Hubert war ganz grimmige Konzentration und hieb immer weiter zu, während am Kopf und im Gesicht des Mannes weiße Striemen erschienen. Augenblicklich quoll Rot aus den weißen Schnitten und Blut rann ihm über die Schulter. Der Kopf löste sich halb vom Rumpf und der Mann fiel.

Huberts Gesicht war blass, sein Mund starr, als wir uns den anderen Reitern zuwandten, die auf uns losstürmten. Und dann plötzlich, auf ein Signal hin, das nur sie sehen konnten, warfen die Reiter ihre Pferde herum und sprengten hinter der Wolke von kalkigem Dunst davon.

Der Wind spielte mit den Mähnen unserer Pferde und ließ die Standarten flattern. Der Staub legte sich. Weiter die Linie hinunter schrie ein Pferd.
»Lasst uns nachsetzen!«, rief Sir Nigel durch die Schlitze seines Helms. Es klang, als steckte er unter einem Zuber. König Richard preschte heran und die Mauer der Männer entlang und befahl uns zu bleiben, wo wir waren. Noch waren wir nicht auf das sarazenische Hauptheer getroffen, eine Bedrohung, die langsam auf uns zumarschierte. Die heidnischen Reiter formierten sich wieder, stellten sich in einer Reihe auf – ein schöner Anblick, gelbe Lederpanzer und leuchtend rote und blaue Kopfbedeckungen, die Reihen kaum gelichtet. In der fast völligen Stille hörten wir, wie sie ihre Pferde mit sanften Hackenstößen und Zungenschnalzen antrieben.

Diesmal ließen die christlichen Bogenschützen einen dichten, flirrenden Pfeilhagel los, der die Angreifer überraschte, und als sie uns erreichten, wankte ihr Mut bereits. Ich traf einen Bärtigen zweimal mit dem Hammer auf den Kopf. Er ging zu Boden und Hufe gruben sich in seinen Leib.
Wieder machten die Reiter kehrt.
Unsere Ritter riefen in mehreren Sprachen: »Hinterher!«
»Wartet!«, rief König Richard. Sein edles schwarzes Pferd schnaubte, silbrig von Schweiß, und sein Schwert war rot gefärbt. »Geduld!«, rief er, im Fränkischen und Englischen fast dasselbe Wort.
»Genug der Geduld!«, rief Sir Nigel.

Die feindlichen Reiter machten wieder kehrt. Sie richteten ihre Reihe aus, lächelten dabei und unterhielten sich. Dann trotteten sie gemächlich auf uns zu.
Nigel lachte verblüfft auf. »Angst haben die nicht, was?«
Sie galoppierten an und als sie an Tempo gewannen, hob Winter Star zitternd den Kopf und legte die Ohren an.

39. Kapitel

Ihre Pferde rammten sich in unsere Reihe.

Wieder zitterte Winter Star, von Stößen und Schlägen getroffen, während ich angestrengt mit dem Hammer arbeitete.

Diesmal trieb Rannulf, als der Angriff abbrach, sein Pferd an und ich folgte ihm. Knappenpflicht ist es, nicht nur über die Kampffähigkeit des Ritters, sondern auch über seine äußere Erscheinung zu wachen, deshalb zog ich Rannulfs Kettenhemd im Rücken, wo es hochgerutscht war, herab und wischte ihm Pferdegeifer vom Ärmel.

König Richards Pferd hatte ein Dutzend kleinerer Schnittwunden und der König war blutgesprenkelt.

»Wenn wir nicht in die Offensive gehen«, sagte Rannulf, schwer durch die Helmschlitze atmend, »werden wir das Feld räumen müssen.«

»Haltet die Männer zurück«, sagte Richard, während sein Leibwächter ihm half, den Helm abzunehmen. Ein Dutzend Hände glätteten die Zügel, zupften den blauwollenen Umhang des Königs zurecht, wischten ein Klümpchen rosafarbenen Fleisches von seinem Schild. Das Gesicht des Königs glühte. »Wir warten, bis seine Verstärkung in Angriffsweite ist.«

Rannulfs Gesicht war hinter den kreuzförmigen Helmschlitzen kaum zu erkennen. Die Sonne fiel ins dunkle Helminnere und ein fleischhelles Kreuz illuminierte seine Augen. »Mein Herr und König, es ist unmöglich, die Männer zu halten.«

»Sie werden bleiben, wo sie sind«, sagte König Richard. »Bis wir entscheiden.«

Sir Nigel war es, der als Erster aus der Reihe ausbrach. Er war der Erste, der nach der nächsten Attacke den Reitern hinterhersprengte und mit seinem Schwert um sich hieb. Für einen Augenblick waren seine einsame Gestalt und Hubert, der ihr folgte, die einzigen Christen auf kampfzerwühlten Feld.

Zuerst spornten die heidnischen Reiter ihre Pferde nur noch heftiger an, als sie Nigels Schlachtruf hörten. Aber dann wurde auch dem kampfmüdesten Heidenkrieger klar, dass es nur ein einzelner Ritter und sein Knappe waren, die ihnen nachsetzten. Der Feind machte kehrt und Krummschwerter klirrten auf Nigel ein, dessen Klinge in der Sonne blitzte.

Gebrüll erschallte aus unserer Reihe und die Ritter brachen aus der Formation aus, eine jähe Welle von Pferden und Männern. Bogenschützen waren im Weg und die Überreste der Cheveux-de-frix behinderten unsere Attacke.

Wir brandeten vorwärts und der König galoppierte mit hoch erhobenem Schwert durch den Tumult. Er machte das Beste aus der bösen Überraschung, indem er sich an die Spitze des Angriffs setzte. Für einen ausgedehnten Moment waren wir wieder ein Wunder an Schönheit, unsere Pferde Hals an Hals, die Lanzen eingelegt, die Ritter für den Anprall gewappnet.

Das Sarazenenheer brach in sich zusammen. Scharlachrot gewandete Hauptleute riefen Befehle und heidnische Edelleute wehrten sich grimmig gegen uns, während Gefolgsleute und Pagen davoneilten, als sei es immer schon so vereinbart gewesen, eine so wohlorganisierte Panik, dass kaum Verwirrung aufkam. Selbst die Getöteten fielen wie nach Plan, hier ein abgeschlagener Arm, da ein vom Rumpf getrennter Kopf, eine zum Schlachten erworbene Herde.

Ich grub meinen Hammer in einen Pferdeschädel und versuchte vergeblich, ihn wieder frei zu winden. Mit einer Hand hob ich den Schild, während die andere vom blutverschmierten Schaft meiner Waffe abrutschte. Ich packte einen Sarazenen am Kopfputz und versuchte ihm das Schwert zu entwinden. Die gekrümmte Klinge fuhr durch die Luft und Winter Star sackte unter mir weg.

Mein Gegner hieb nach mir und verfehlte mich. Die Wurfspieße eines Dutzends englischer Fußsoldaten ließen ihn blutüberströmt vom Pferd sinken.

Winter Star stand wieder, mit heraushängenden Eingeweiden.

Ich hebelte meinen Hammer aus dem roten Morast, der den Boden bedeckte. Ich packte Winter Stars Zügel und er knickte ein und fiel schwer auf die Seite.

40. Kapitel

Als kleiner Junge blieb ich manchmal bei Tagesanbruch noch gemütlich unter der haarigen Wolldecke liegen, während meine Mutter den Blasebalg am Herd betätigte und der Raum sich mit dem Duft von Eichenholzrauch füllte. Ich lag ganz still da, in der Morgenkälte, während Regen sanft auf das Strohdach fiel.

Jetzt hatte ich das Gefühl zu ersticken. Ich konnte mir Kälte nicht mehr vorstellen. Ich hatte allenfalls noch ein verschwommenes Bild von grünem Moos oder langen nieseligen Morgenden, von Winterlicht und dem weißen Atem von Mensch und Tier. Bestimmt, dachte ich, brauche ich nur die Augen zu schließen – und Winter Star ist wieder unversehrt.

Aber er hatte aufgehört zu zittern und mit dem einen Huf durch die Luft zu scharren.

Er atmete nicht mehr.

Eine raue Stille senkte sich herab, nur Knappen, die die Namen ihrer Herren riefen, eine laute Stimme, die in einer Sprache, die ich nicht erkannte, Gehör forderte.

Ich kniete da und hielt Winter Stars Zügel.

Pater Joseph hatte einmal eine Wundergeschichte erzählt, von einer Frau, die in eine Salzsäule verwandelt wurde. Jetzt erschien mir das gar nicht so schlimm. Ich wünschte

in diesem Moment, ich könnte mich in ein Mineral verwandeln, in einen Stein, der keinen Schmerz fühlte.
Ich weinte und ließ Winter Star dann liegen, die Wunden dicht von Fliegen gesäumt.
Es fehlten so viele Ritter und Knappen, dass es schwer fiel, sich um Hubert und Nigel zu sorgen. Als ich das betäubt daliegende Schlachtfeld absuchte, bot man mir Wein aus einem türkischen Pokal an – ein schönes Stück, wunderbar anzufassen. Man bot mir erbeutete Seide an, einen Ballen leuchtend orangefarbenen Tuchs. Ein Pikenier, dessen Kopf mit blutigem Leinen umwickelt war, nannte mich *Sire*.
Sein Akzent erinnerte mich an zu Hause und er erklärte mir, er sei Osbert, ein Wollschläger aus Copmanthorp.
»Und so ein Paar starke Hände findet Ihr nicht wieder, Herr. Und auch nicht so einen guten Wein.«
»Danke, Osbert«, sagte ich. »Aber ich bin kein Edelmann oder Ritter.«
Osbert packte ein Taubenei für mich aus, verblüffend weiß und heil inmitten dieses Blutbads, und den Finger eines Emirs – jedenfalls schwor er, dass es ein solcher war – was ich beides dankend ablehnte.
Ich gab ihm den Weinschlauch zurück und spuckte ein Ziegenhaar aus. Ein englischer Knappe setzte sich einen Sarazenenkopfputz auf den geschorenen Schädel und erwartete, dass wir ihn in seinem Besitzerstolz bestätigten.

Rannulf schleppte einen Arm voll Krummsäbel, an denen Sarazenensporen und Zaumzeugteile baumelten. Sein Helm war verschwunden und als ich sagte, ich würde ihn schon finden, keuchte er: »Heute brauche ich ihn nicht mehr.«

»Kommt mit, Herr, Sir Nigel und Hubert suchen.«
»Nigel?«, fragte er, als könnte er sich kaum an den Mann erinnern. »Der hat das doch immer gewollt.« Rannulf blutete aus der Nase. Er schniefte, als hätte er Schnupfen.
»Die beiden verstehen es sicher, Schwierigkeiten zu vermeiden«, sagte ich zuversichtlicher, als ich war.
»Schwierigkeiten«, sagte Rannulf wie ein Gelehrter, der genüsslich einer Idee nachspürt. »Vermeiden hin oder her, Nigel wird seine Freude haben.«
»Seid ihr verletzt, Herr?«
Rannulf lachte, ein stummes Schulterzucken, das ihn daran hinderte, mehr zu tun, als den Kopf zu schütteln. Ich verspürte einen leisen Ärger über Rannulfs Mattigkeit. Ich holte einen Karneolring heraus, den ich von einem Heidenfinger gezogen hatte, und gab ihn einem Wasserträger dafür, dass er sich zu Sir Rannulf setzte und ihm mit einem Tuch die Fliegen vom Gesicht wedelte.

Nicht alle Pferde waren so friedlich gestorben wie Winter Star. Manche lagen da, die Beine in die Luft gestreckt, die Bäuche schon leicht aufgedunsen von der Spätnachmittagssonne. Andere hielten sich zitternd auf den Beinen, schwarz von Blut, halb enthäutet. Es waren viel mehr Pferde getötet worden als Männer.
Die Leichen der Ungläubigen lagen überall verstreut, verstümmelt und dicht mit einer Fliegenart bedeckt, die ich noch nie gesehen hatte – glänzend smaragdgrüne Insekten, die in großen Schwärmen auftraten. Fast alle Toten waren Heiden, obwohl die Kunde umging, dass ein bedeutender fränkischer Ritter namens James von Avesnes tot aufgefunden worden war, umgeben von fünfzehn zerstückelten Sarazenen.

König Richard hatte eine Kolonne Fußsoldaten aufstellen lassen und einen Palisadenzaun. Die Stimme des Königs war klar und deutlich, als sie die Bogen- und Armbrustschützen auf ihre Positionen beorderte.
Das Sarazenenheer hatte sich zurückgezogen – eine Linie von Männern und aufgehäuftem Kriegsgerät weit südlich von uns.
Unser eigener Gepäcktross war zerschlagen und verstreut. Ein Fassbinder stand zwischen den Überresten eines Weinfasses. Er erinnerte mich an meinen Vater, wie er da stand und die Fassdauben sortierte, in heile, die man noch einmal verwenden konnte, und zerbrochene, die nur noch als Anfeuerholz taugten. Der vergorene Geruch von ausgelaufenem Rotwein hing in der Luft.
Wenstan war erstaunlich sauber, seine Tunika so hell wie der Chorrock eines Priesters, abgesehen von einem trocknenden Blutfleck auf der Brust. Er stocherte mit unbekümmerter Miene in dem wachsenden Haufen von Schlachttrophäen, wie ein Mann mit einem dicken Geldbeutel auf dem Jahrmarkt.
Er selbst sei nicht verwundet, erklärte er. Türkische Reiterhorden hätten während der Schlacht den Packtross angegriffen und er habe sie mit dem Schwert vertrieben.
»Kein Grund zur Sorge«, sagte Wenstan, während sein Blick das Schlachtfeld absuchte. Ein Ritter von Sir Nigels Stand würde – sofern nicht im Getümmel umgekommen – gefangengehalten werden, damit man Lösegeld für ihn erpressen könne. Selbst ein Knappe wäre den Versuch des Feilschens wert.
Ein heftiges Gefühl überschwemmte mich, ein Gefühl, das Winter Star galt und zu stark war, um es einfach nur Trauer zu nennen. Einen Augenblick musste ich um Fas-

sung ringen. Das Husten und Spucken eines Fuhrknechts hallte übers Schlachtfeld.
Wenstan lieh mir sein Pferd, kein Streitross, aber auch kein bloßes Arbeitspferd, ein Tier mit verständigen Augen und weichem Maul. »Die Sarazenen werden keinen Respekt vor dir haben, wenn du dich ihnen zu Fuß näherst«, sagte er. Wenstan selbst schwang sich auf einen schweren Karrengaul, ein riesiges, platthufiges Tier, das, von Wenstan mit ruhiger Stimme angetrieben, hinter mir herstampfte.

Wir konnten sie nicht finden.

41. Kapitel

Fuchskot ist voller Haare und der Rehbock hinterlässt lauter halb verdaute Blätter – aber ansonsten verstehe ich nichts von Fährten. Dennoch hatte ich wenig Mühe, den Hufspuren eines Dutzends Pferde zu folgen.

Wenstan wies mich auf die großen runden Abdrücke unserer englischen Hufeisen und die kleineren der Sarazenenpferde hin.

Der Sonnenuntergang nahte und Vogelchöre sangen in dem graugrünen Gesträuch, das das Heilige Land ziert. Ich rief immer wieder die Namen der beiden, aber es kam keine Antwort.

Blut erzählte eine unvollständige Geschichte, ein kleiner Bluttümpel, am Rand schon schwarz und halb geronnen. Ein Speer war abgebrochen, der Schaft lag auf dem Boden. Ich glitt vom Pferd und durchforstete das dürre Gras.

»Du siehst, es hat einen Kampf gegeben«, sagte Wenstan. »Und die beiden haben mindestens einen Reiter niedergemacht.«

Der Schrei eines Geiers lenkte uns ab, ein Krächzen, das von einem entfernten Punkt des ebenen Geländes kam. Ein Schwingenpaar erhob sich in die Lüfte.

Ich konnte nicht dagegen an, dass meine Gliedmaßen zitterten, als hätte sich während der Schlacht eine Energie in mir aufgestaut, die jetzt aus meinem Körper entweichen konnte.

Fern des Schlachtfelds stießen wir endlich auf Sir Nigel und Hubert.
Nigel saß da, die bloßen Arme im Schoß, die Hände bewegungsunfähig. Er war schweißnass und klapperte vor Schüttelfrost.
Hubert sprang auf, das Schwert gezückt, bis er uns erkannte.
Hubert erzählte uns die Geschichte knapp und lebendig, eine grimmige Verfolgungsjagd, ein tapferer Kampf, eine tödliche Wunde für jeden Heiden, der es darauf anlegte. Sir Nigel war gestürzt, als sein Streitross stolperte.
Wenstan kniete sich vor seinen Herrn hin. Als sie sich besprachen, ließ sich Nigel seufzend an die Schulter seines Dieners sinken. »Ich wollte Geiseln«, sagte Nigel heiser. »Gegen Silber.«
Heftiges Mitgefühl mit Sir Nigel machte auch meine Stimme rau. Ich sagte: »Hubert, ich dachte, ihr wärt ein Mahl für die Geier.«
»Sie haben uns gekostet – zu wenig Salz«, sagte mein Freund.

Ich bezweifelte, dass Sir Nigel den Ritt ins Lager überleben würde.
Ich führte den Karrengaul, auf dem Nigel saß und sich die zerschmetterten Arme hielt.
Er bestritt, Schmerzen zu haben. »Ich habe einmal erlebt, wie ein Müller unter seinen eigenen Mühlstein kam, vom

Arm bis zur Hüfte«, sagte Nigel. »Und er hatte nicht mehr Schmerzen als ein Holzengel, bis sie ihn dann bewegt haben.«

Ein paar uns beobachtende Sarazenenkrieger arbeiteten sich wie Ernteknechte über das Geröll am Schlachtfeldrand, suchten nach bekannten Gesichtern unter den Gefallenen. Als sie uns sahen, schwangen sich einige von ihnen aufs Pferd, bereit zu kämpfen oder zu flüchten, und ich beobachtete sie, beunruhigt genug, um mir zu wünschen, wir wären irgendwo weit weg. Aber einer der Anführer hob die Hand und sprach zu seinen Männern und ich erkannte den Krieger, der sein Pferd an dem Bach getränkt hatte – das schien so lange her.

Doch der Sarazene schien mich nicht wiederzuerkennen und ich sagte mir, dass ich mich wohl täuschen musste. Bestimmt war das dort ein anderer Mann – es waren so viele Feinde und ich konnte sie nicht auseinander halten.

42. Kapitel

Der Seewind war kühl.
Der Strand war voll: Kranke und Verwundete auf Pritschen, an Krücken, Taurollen und frisch angekommene Fässer mit Pökelfleisch, die sich im Sand stapelten.
Irgendwo strandabwärts sang Wenstans Stimme laut: »Und geißeln seinen heil'gen Leib, auf dass sein Blut verström.« Er hatte Sir Nigel gebeten, ihn in Pater Urbinos Diensten im Heiligen Land bleiben zu lassen und ich sah den glücklichen Diener jetzt kaum noch, hörte nur seine Lieder, die immer frommer wurden und fast durchweg von Christi Wunden handelten.
Ein dunkles genuesisches Schiff lag in Bogenschussweite, den Kiel in den sandigen Grund gebettet. Seeleute riefen alten Freunden scherzhafte Bemerkungen zu und neue Passagiere wurden hinübergeflößt oder erreichten das Schiff mit Hilfe ihre Gefährten.
Sir Nigel stapfte mit geschienten Armen in die Gischt. »Mach nicht so ein betrübtes Gesicht, Edmund«, rief er lachend. »Bis zum Winter bist du wieder daheim, oder ich bin ein Muselmane.«
Er wollte uns die Tränen in seinen Augen nicht sehen lassen, als er sich in die leichten Wellen beugte.
»Gott befohlen«, rief er.

Erst als er von mehreren anderen Männern an Bord gehievt wurde, drehte sich Sir Nigel noch einmal zu uns um. Er war jetzt frei von dem Fieber, das uns all die Nächte um ihn hatte bangen lassen. Rannulf hatte erklärt, seine Knochen würden heilen, sobald er sich an einem Ort befände, wo es weißes Brot gab und Fleisch, das nicht von Maden wimmelte.
Es war eine bittere Niederlage für Sir Nigel – er würde Jerusalem nie von innen sehen. Und dem Rest der Armee, der ohne Sir Nigel würde kämpfen müssen, schien die Heilige Stadt jetzt viel ferner. Huberts Pflicht war es, an Nigels Seite zu sein, und er musste mit seinem Herrn abreisen.
Rannulf stützte sich seit Arsuf stets auf eine Lanze oder einen Speerschaft. Er sagte, er könne es mir ermöglichen, hier zu bleiben und an der Seite eines anderen Ritters zu kämpfen – viele hatten in der Schlacht ihre Knappen verloren. Als ich fragte, warum er König Richard verlassen wolle, antwortete Rannulf nicht gleich und schließlich sagte er, der König habe nicht viel Verwendung für erfahrene Streiter.
Hubert und ich hatten viel zu tun: Es galt, Shadow zu verkaufen und einen Großteil unserer Kampfausrüstung, wenn ich auch meinen Hammer behalten würde. Der Angriff auf Jerusalem war noch einige Wochen hin – mindestens. Zwischen unserem Heer und den Stadtmauern lag Saladins Hauptarmee. Ich hatte mich entschieden, meine Pflicht gegenüber meinem Herrn, Sir Rannulf, zu erfüllen, und trug den Kopf hoch, damit niemand dachte, an unserer Abreise sei irgendetwas Beschämendes.
Ich würde die grünen Hügel wiedersehen und die strohfarbenen Dächer. Ich würde den Kaminrauch am Abend

riechen, nach einem langen Regentag. Ich würde Maud, die Witwe meines Meisters, wiedersehen und ich würde Elviva wiedersehen. Und herausfinden, ob ein heimkehrender Kreuzfahrer, selbst wenn er keinen Fuß in die Heilige Stadt gesetzt hatte, eines väterlichen Kopfnickens würdig war.

Seevögel schwebten über uns.

Ich unternahm mit Shadow einen letzten Ritt in die Hügel und überlegte unterwegs, wie viele Pennys ein starkes, sanftmütiges Pferd wie dieses bringen würde. Es war undankbar und vielleicht roh, so zu denken, aber ich wünschte, ich könnte das Leben dieses unerschütterlich friedlichen – charakterlosen – Tiers hingeben, um dafür Winter Star wiederzubekommen.

Ich wollte hier weg. Aber ich wollte auch mit König Richard in Jerusalem einziehen. Ich bezweifelte nicht, dass der König nach weiteren langen Wochen und Monaten des Kampfes die Heilige Stadt einnehmen würde.

Ich hatte Jerusalem schon von fern gesehen, aber in diesem Moment rechnete ich nicht damit, es erneut zu erblicken.

Oder vielleicht hatte ich doch damit gerechnet. Vielleicht hatte ich ja die Richtung der Gottesstadt eingeschlagen, ohne mir einzugestehen, was ich tat. Ich erreichte die Hügelkuppe.

Ich blinzelte und schaute weg. Und wandte dann mein Gesicht wieder hin – ein unwürdiges Gesicht, die Augen eines Sünders.

Mauern und trutzige Türme von leuchtendem Weiß, Kuppeln von Gold und schlanke Türme, die ihre Spitzen gen Himmel reckten. Aus dieser Entfernung war es das Meisterstück eines Kartenzeichners. Schwalben schossen und wirbelten durch die Luft. Zedern wiegten sich in einem Wind, der die Stadt liebkoste, mich aber nicht berührte.

Ich wendete Shadow in Richtung Lager. *Bleib*, sagte der Singvogel im Amberbaum.

Doch ich blickte zum Meer.

Ich hob die Hand und hielt sie vor die Sonne. Ich konnte weder Hubert noch Rannulf in dem Menschengewimmel am Strand erkennen. Unser Schiff lag jetzt näher am Sand, umschwirrt von kleineren Booten.

Weiter draußen sah ich eine venezianische Kriegsgaleere gegen den Wind rudern und langsam herumschwenken. Um den Weg zu bewachen, der mich nach Hause führen würde.

Über dieses Buch

Die Grundereignisse dieses Romans sind historisch. Die Belagerung von Akkon und die Schlacht von Arsuf gab es wirklich und Richard ließ die Gefangenen tatsächlich massakrieren.

In die Welt dieses Romans bin ich eingetreten, indem ich in das heutige Akko reiste, wo die trutzigen, imposanten Mauern noch immer stehen. Ich habe Kreuzfahrergräber in England besucht, wo die steinernen Abbilder der dort begrabenen Ritter das beste Zeugnis davon geben, wie die Kämpfer damals wirklich gekleidet waren. Ich bin auf den Wehrmauern der Insel Rhodos herumspaziert, wo eine der mächtigsten Kreuzritterfestungen bis heute im Großen und Ganzen erhalten ist. Damals war mir nicht klar, dass ich für ein Buch recherchierte – ich wollte einfach mehr über diese Orte erfahren, unbedingt wissen, wer dort gekämpft hatte und warum.

Ich habe viele Stunden im Britischen Museum und in Provinzmuseen in ganz Europa damit zugebracht, Kreuzfahrerwaffen in mein Notizbuch abzuzeichnen. Ein Schlüsselerlebnis war es für mich, als ich das erste Mal einen Kriegshammer zu Gesicht bekam. Wir stellen uns die kämpfenden Ritte normalerweise mit pittoresken Schwertern oder Lanzen vor, aber viele Kreuzfahrer zogen mit einer Waffe in den Kampf, die wie ein riesiger Krocketschläger aussah und aus Eisen bestand. Als ich das erste Mal eine solche Waffe sah, zerplatzte ein Gutteil meiner Illusion vom Glanz und Prunk mittelalterlicher Schlachten. Diese Männer schlugen einander brachial den Schädel ein. Die ganze bizarre Langsamkeit, der maßlos blutige und erschöpfende Charakter einer solchen Schlacht wurden mir bewusst, als ich das erhaltene Kriegsgerät studierte.

Und natürlich habe ich mit Hingabe Bücher zu diesem Thema gelesen, mein Leben lang, von Sir Walter Scotts *Ivanhoe* bis zu Edmund Spensers *Feenkönigin*, und besonders wertvoll fand ich die Werke von Historikern wie John Keegan und Steven Runciman. Einige Bücher waren erstaunlich langweilig – um auf die Silberader eines mittelalterlichen Gebets zu stoßen, musste ich mich durch endlose wissenschaftliche Abhandlungen arbeiten. Aber die Mühe hatte sich gelohnt, wenn ich dann einen Ausdruck oder einen Satz entdeckte, der diese weit zurückliegenden Geschehnisse für mich lebendig werden ließ. Mein familiärer Hintergrund war von Methodisten und Quäkern bestimmt und ich bin gegenüber allem, was mit Krieg zu tun hat, zutiefst skeptisch. Und doch vermag ich nachzuvollziehen, dass der Krieg auf junge Menschen eine solche Anziehungskraft haben kann, dass für einige die Suche nach Sinn und Abenteuer ihren unmittelbarsten Ausdruck auf dem Schlachtfeld zu finden scheint. Dieses schreckliche Paradox – dass empfindsame, verantwortungsbewusste Menschen sich an Akten der Brutalität beteiligen können – verblüfft und fasziniert mich. Ich respektiere den Glauben dieser Kreuzfahrer, ohne irgendetwas von dem, was sie taten, gutzuheißen.

Der mittelalterliche Glaube erscheint mir extrem fremd. Kaum ein heutiger Christ würde bei irgendeinem vergleichsweise alltäglichen Missgeschick oder Unglück die Hand des Teufels im Spiel sehen oder hinter jedem Busch einen Dämon fürchten. Ganz zu schweigen von Kobolden oder den so genannten Longaevi, den Langlebigen, Waldgeistern, die viele hundert Jahr alt werden. Das alles aber gehörte in den neunziger Jahren des zwölften Jahrhunderts zum Volksglauben, nicht als Lehre der Kirche, sondern als Teil des Bildes gewöhnlicher Menschen von der Natur und dem riesigen Reich des Nicht-Menschlichen.
Balladen und Geschichten waren in der Zeit, in der dieser Roman spielt, für die Leute sehr wichtig. Man hatte keine Bücher und kein Fernsehen, aber ich glaube nicht, dass das Leben deswegen öde war. So wie Witze und die Legenden des modernen Lebens unserem Alltag Würze geben, brachten wohl die Balladen Humor und Musik in den Alltag der Menschen von damals. Einige der hier erwähnten Balladen habe ich erfunden, andere – vor allem die religiösen – sind überliefert.
Dieser Roman spielt in einem Zeitalter, ehe das Gros der Menschen Respekt vor kritischem Denken entwickelte und ehe es unter ganz normalen Leuten üblich war, sich selbst zu hinterfragen. Die Männer und Frauen zu Zeiten König Richards fragten sich nicht, wie sie wirklich über den Krieg oder über Gott dachten. Sie stellten in der Regel weder die Autoritäten noch die allgemein vermittelten Glaubensinhalte in Frage, wie es heute so viele Menschen tun. Wenn wir uns plötzlich in Gesellschaft einer Gruppe von Kreuzfahrern fänden, würden wir sie extrem anders finden als alle Leute, die wir sonst kennen.

Aber als ich entdeckte, wie verschieden die Charaktere dieses Romans von meinen realen Freunden sind, ging mir gleichzeitig auf, dass wir uns gar nicht so weit von dieser brutalen Zeit entfernt haben. Der Krieg übt immer noch Anziehungskraft, es gibt immer noch Massaker. Wir hungern immer noch danach, eine Heilige Stadt zu erreichen, sei es nun ein realer Ort oder ein Ort in uns selbst.

Und die Reise ist immer noch schwer und mühsam. Obwohl Edmund eine Fantasiefigur ist, betrachte ich ihn doch als einen der vielen Suchenden, die sich vor mir auf diesen Weg gemacht haben.